Inhaltsverzeichnis

I0397387

ONLINE GELD VERDIENEN:

Blogging, Affiliate Marketing, Ebooks sowie Facebook, Twitter und Co.
Traffic und E-Mail-Marketing, darauf kommt es an!

Autor - Phil Schartner

Vorwort

Dank unserer digitalisierten Welt war es noch nie so einfach Geld zu verdienen,. Wie Sie online Geld machen, wollen wir Ihnen in diesem Buch zeigen. Welche Möglichkeiten haben Sie? Was brauchen Sie? Wie beginnen Sie? Welches sind die schnellsten und einfachsten Methoden ein Nebeneinkommen zu haben?

Online-Verdienste könnten sogar zu Ihrer Haupteinnahmequelle werden. Das geschieht natürlich nicht über Nacht. Der Weg dorthin ist weit. Sie brauchen viel Zeit und Geduld, da wollen wir Ihnen nichts vormachen. Wenn Sie jedoch zäh sind, Motivation, gute Ideen und Fleiß mitbringen, wird sich Ihre Investition im wahrsten Sinne des Wortes: *auszahlen!* Diese finanzielle Auszahlung lässt länger auf sich warten, wenn Sie bisher noch nichts mit Online-Marketing und Web-Auftritten zu tun haben. Doch keine Sorge. Man lernt nie aus und so werden Sie durch unsere grundlegenden Tipps und Ihre eigene Recherche schon bald Erfolg haben.

Das Wichtigste, um Online Geld zu verdienen, ist die Vernetzung und die Reichweite, welches Ihr Netzwerk hat. Es ist nicht immer ganz einfach sich in der überlaufenen digitalen Welt Gehör zu verschaffen. Umso wichtiger ist es sich breit aufzustellen und auf allen Medien vertreten zu sein. So werden Sie feststellen, dass all unsere Kapitel zusammenhängen und Teil dieses Netzwerks sind, welches Sie Schritt für Schritt erschaffen und weiter entwickeln müssen. Ein guter Einstieg in Ihr Online-Business ist das Bloggen, mit dem sich unsere ersten Kapitel auseinandersetzen. Die richtige Website-Gestaltung, ihre Verbreitung und die richtigen Produkt- und Werbeplatzierungen, welche Ihnen schließlich Geld einbringen sollen, behandeln wir in den nachfolgenden Kapiteln.

Wie sich Ihre Reichweite vergrößern lässt, um mehr und höhere Einnahmen zu erzielen, ist ein essenzieller Punkt. Hier kommen Ihnen vor allem die Social-Media-Plattformen zu Hilfe, mit denen Sie wirklich jeden erreichen können.

Eine weitere sehr gute Möglichkeit sich ein eigenes Online Business aufzubauen sind Ebooks. Diesem Thema widmen wir uns in einem sehr ausführlichen Kapitel in diesem Buch. Sie erfahren von A-Z alles Wissenswerte über diesen – gerade für Anfänger – sehr lukrativen Bereich.

Welche Möglichkeiten Crowdfunding, Kryptowährungen und Freelancing bieten, soll abschließend kurz behandelt werden. Stürzen Sie sich also in die Online-Welt und holen Sie sich Ihr Stück vom Kuchen!

Zum Blogger werden

Wir wollen nur kurz darauf eingehen, wie Sie überhaupt Bloggen. In diesem Buch soll es schließlich viel mehr darum gehen, wie Sie damit Geld verdienen können. Schritt 1: Sie brauchen ein Thema! Und dieses Thema braucht eine Leserschaft. Das Thema ist nicht genug, Sie müssen in ihm eine Nische besetzen. Entscheiden Sie sich also für ein Thema, dass spezifisch ist. Nicht nur Ihre Leserschaft sollte sich für dieses Thema interessieren, sondern auch Sie! Warum? Weil Sie viel Durchhaltevermögen brauchen werden, wenn Sie tatsächlich Online Geld verdienen wollen.

Sie brauchen also Motivation und ein wenig Leidenschaft für Ihren Blog. Ob Sie die haben oder nicht, wird man auch an Ihren Artikeln sehen. Diese nicht nur bloße Informationsvermittlung oder copy-and-paste-Texte, sondern einzigartig. Ihre Artikel sollten Ihrer Lesern neue Perspektiven eröffnen, Sie sollten Lösungen für Probleme bieten. Um einen Blog zu betreiben, sollten Sie also bereits ein geborener Schreiber sein, der sich entweder durch seinen Stil, durch seine Ansichten, sein Wissen oder seine Erfahrung definiert. Einzigartigkeit – ist das Stichwort. Gute Recherche ist das A und O. Um von der Blogger-Community ernst genommen zu werden, müssen Sie seriös sein, Ihren Blog ernst nehmen und ihn nicht nur als Geldmaschine betrachten.

Blog-Betreiber gibt es viele. Empfehlenswert sind: WordPress, Blogger oder Tumblr. Alle samt kostenlos. Achten Sie bei der Erstellung Ihres Blogs auf die Ästhetischen Ansprüche. Ihr Blog sollte Wiedererkennungswert haben. Halten Sie beim Onlineschalten Ihres Blog bereits mehrere Artikel bereit. Stellen Sie sich in Ihrem ersten Blogeintrag vor und begründen Sie, warum Sie sich mit diesem Thema befassen und was Ihre Leser zu erwarten haben. Das sind natürlich nur die Grundlagen eines Blogs, wie Sie jedes Kind umsetzen kann. Wie verdienen Sie nun aber tatsächlich Geld als Blogger?

Die richtige Vernetzung

Ihr Blog muss besonders sein, um überhaupt aufzufallen und Verbreitung in der Community zu finden. Das setzt ein professionelles Erscheinungsbild, sowie eine ständige Pflege und ansprechende Themen voraus, mit denen Sie sich im Blog beschäftigen. Hört sich nach Arbeit an? Ist es auch! Natürlich braucht Ihr Blog Besucher.
Die bekommen Sie nur durch eine hervorragende Vernetzung. Haben Sie also schon andere Websites und Social-Media-

Accounts, nutzen Sie diese, um auf Ihren Blog aufmerksam zu machen. Das ist aber bei weitem nicht alles. Ein Blog lebt von seinen Lesern und anderen Bloggern. Artikel zu schreiben, reicht also nicht aus, Sie müssen auch intensiv mit Ihren Lesern kommunizieren. Nur so verbreitet sich die Existenz Ihres Blogs weiter und Sie finden wiederum mehr Leser. Das bedeutet einen großen Rechercheaufwand für Sie. Suchen Sie zum Beispiel nach entsprechenden Facebook-Seiten und Gruppen, auf denen Sie Ihren Blog promoten können.

Seien Sie auf Twitter aktiv und finden Sie entsprechende Hashtags, die auf Ihren Blog aufmerksam machen. Sie sind jedoch auch auf andere angewiesen und genau hier kommen Leser und andere Blogger ins Spiel. Schenken Sie diesen Ihre Aufmerksamkeit, werden Sie Leser und Blogger weiter verlinken. Diese Backlinks sind Empfehlungen anderer Ihren Blog zu lesen. Auf diese Weise erweitern Sie Ihren Leserkreis. Ein wichtiges Werkzeug hierfür ist die Kommentarfunktion Ihres Blogs. User werden hier ihre Ansichten schreiben und Ihnen Fragen stellen.

Damit möglichst fleißig kommentiert wird, müssen Sie aktiv daran mitwirken solche Diskussionen anzustoßen. Das tun Sie am besten bereits in Ihren Blog-Artikeln. Fordern Sie Ihre Leser direkt dazu auf Fragen zu stellen. Fragen Sie nach deren Meinung und

Erfahrungen zum besprochenen Thema. Besprechen Sie kontroverse Thematiken in Ihren Artikeln, werden sich umso mehr Leser zu Wort melden wollen. Antworten Sie möglichst schnell auf solche Leserkommentare, die tatsächlich etwas zur Diskussion betragen. Oft reicht schon ein freundliches: „Danke für deine interessante Sichtweise." oder Ähnliches. Pflegen Sie also einen intensiven Kontakt mit Ihren Lesern.

Teilen Sie darüber hinaus Artikel anderer Blogger. Natürlich nur solche, die auch wirklich Sinn machen und Zusätzliches zu dem vermitteln, was bereits in Ihrem Text gesagt wurde. Sie dürfen dann darauf hoffen, dass auch etabliertere Blogger auf Sie aufmerksam werden. Auch andersherum sollten Sie die Arbeit dieser Blogger verfolgen. Recherchieren Sie Blogs, die mit Ihrem Thema verwandt sind und schalten Sie sich auch auf diesen Blogs in die Diskussionen ein. Auf keinen Fall sollten Sie Ihren eigenen Blog hier per Link teilen. Das ist Spam, wirkt plump und unseriös. Seien Sie stattdessen geduldig und warten Sie darauf, dass andere auf Sie aufmerksam werden. Erst wenn Sie sich einen seriösen Namen als Blogger oder Kommentierender bei anderen Blogs gemacht haben, können Sie auch mal auf einen passenden Artikel in Ihrem eigenen Blog verweisen.

Artikel in Ihrem Blog sollten Sie natürlich mehrmals im Monat Online Stellen. Denken Sie daran, dass praktische Lebenshilfe besonders gefragt ist. Leser müssen sich mit Ihren Artikeln identifizieren können. Um den Nerv zu treffen, helfen Ihnen wiederum die Kommentare Ihrer Leser als Stimmungsbarometer.

Geld mit Blogging

Sie sehen, einen erfolgreichen Blog aufzubauen und zu betreiben, bedeutet Arbeit und Geduld. Der Weg dorthin ist weit, aus diesem Grund sollten Sie das Bloggen mit Freude betreiben, sonst haben Sie schnell die Motivation daran verloren. Haben Sie diese jedoch, werden Sie viel Freude am Bloggen haben. Wie können Sie nun aber im Endeffekt Geld mit diesem Blog verdienen?
Finanziell werden Sie aus Ihrem Blog erst Kapital schlagen können, wenn er bereits eine große Leserschaft hat. Wenn es soweit ist, können Sie Werbung oder Links auf Ihrem Blog frei schalten. Das funktioniert genauso, wie das Marketing auf einer Affiliate-Website, welche wir in einem späteren Kapitel behandeln. Bedenken Sie, dass Ihr Blog immer persönlich bleiben sollte.

Zu viel fremde Produktplatzierung könnte also schädlich für Ihren Ruf sein und Ihre Leserschaft vergraulen.

Wenn Sie diese Links jedoch intelligent auswählen, können Sie ein sinnvolles Zusatzangebot für Ihre Leser bieten. Überlegen Sie also gut, was Sie auf Ihrem Blog verlinken. Abhängig vom Thema, sollten das Produkte sein, die Ihren Lesern auch tatsächlich etwas bringen und ihnen Antworten auf die Probleme geben, die Sie in Ihrem Blog behandeln. Neben Links und Werbebannern bezahlen Firmen auch, wenn Sie in einem Artikel lediglich unaufdringlich erwähnt werden. Sie informieren über ein bestimmtes Thema, ohne ein Produkt oder eine Dienstleistung direkt anzupreisen, sondern machen darauf aufmerksam, ohne das es der Leser als Beeinflussung wahrnimmt. Wie Sie Online-Händler oder andere Anbieter auf Ihrem Blog werben lassen, erfahren Sie im nächsten Kapitel über Affiliate-Marketing.

Wollen Sie frei vom Einfluss Dritter bleiben, können Sie auch eigene Zusatzangeboten in Ihrem Blog erschaffen, für die Ihre Leser bezahlen müssen. Ein Angebot von käuflichen E-Books, Videos oder Video-Seminaren zum Beispiel via Skype wird Ihnen Geld einbringen, wenn es Absatz bei den Lesern findet.

Affiliate-Marketing

Fahren wir fort mit der aussichtsreichsten Möglichkeit im Internet Geld zu machen. Affiliate-Marketing ist die Vermittlung von Kunden durch Sie. Hierfür brauchen Sie mindestens eine eigene Website oder einen Blog, in welchem Sie Links zu diversen Online-Shops platzieren. Diese Online-Shops sind offiziell Ihr Partner, Sie finden sie über Web-Portale. Wenn ein Besucher Ihrer Website über einen solchen Link auf die Seite des Online-Shops gelangt, wird das über Ihre Web-ID erkannt. Sollte der Besucher in dem betreffenden Online-Shop etwas kaufen, erhalten Sie einen prozentualen Anteil am Bestellwert des Kunden. Sie bekommen also eine Provision, weil Sie den Kunden weitergeleitet haben. Diese Provision ist entweder auf eine bestimmte Vergütung festgeschrieben oder prozentual festgelegt.

Das ist das Grundprinzip des Affiliate-Marketing. Hört sich einfach an und das ist es auch, sofern Sie etwas Zeit mitgebracht haben. Es dauert eine Weile bis Sie tatsächlich nennenswerte Einnahmen erzielen. Im Folgenden wollen wir Ihnen Schritt für Schritt zeigen, wie Sie sich eine solche Affiliate-Website aufbauen.

Wie Sie einen Blog aufbauen, haben wir Ihnen bereits erklärt, die Schritte für eine Affiliate-Website sind ähnlich und knüpfen daran an.

Sie brauchen zunächst ein Nischenthema für Ihre Website. Entscheiden Sie sich für eine wirtschaftlich sinnvolle Nische. Das heißt, Sie müssen erst einmal herausfinden, was es für einen Bedarf gibt. Genau hier liegt der Unterschied zu einem Blog. Bloggen tun Sie aus Leidenschaft und Interesse. Wenn dieses Thema, an dem Sie so interessiert sind, jedoch keine Leserschaft hat, welche Ihnen in großem Stil Klicks bringt, werden Sie mit diesem Thema nur schwer Geld verdienen. Sie brauchen also eine Nische, die Absatz findet. Das bedeutet, Sie müssen erst einmal recherchieren, wofür sich die Leute interessieren. Wofür sind sie bereit Geld auszugeben? Schließlich wollen Sie Ihre Besucher ja an einen Online-Shop weiterleiten. Das Thema Ihrer Website muss also kommerziell vermarktbar sein. Ihr eigenes Interesse ist natürlich hilfreich. Nur wenn Sie motiviert sind, werden Sie genug Durchhaltevermögen haben, eine solche Website mit den entsprechenden Verlinkungen aufzubauen.

Sie müssen Rückschläge wegstecken können, denn nicht alles wird so klappen, wie Sie es sich vorgestellt haben. Der Online-Markt ist bereits sehr hart umkämpft. Zu

Beginnen werden Sie viele Dinge ausprobieren müssen, nur um dann festzustellen, dass Sie in einer Sackgasse geendet sind. Doch keine Sorge, genau so lernen Sie. Zu Beginn stehen Ihre Einnahmen also im Hintergrund, einfach weil Sie noch keine haben. Es wird eine Weile dauern, bis Ihre Anstrengungen auch finanziell entlohnt werden. Das sollte Ihnen von Anfang an klar sein.

Profitable Nischen zu finden, ist nur die eine Sache, sie auch mit Enthusiasmus zu verfolgen und zu füllen, die andere. Wie Sie eine solche Nische finden, haben wir

bereits in einem vorhergehenden Kapitel erklärt, nun steht auch die Wirtschaftlichkeit im Vordergrund. Fragen Sie sich, was Sie selbst interessiert. Womit beschäftigen Sie sich in Ihrer Freizeit? Können Sie aus Ihrem Beruf auch Online Kapital schlagen? Auf welchem Gebiet sind Sie ein Experte? Und falls Sie noch kein Experte sind, gibt es vielleicht etwas, wofür Sie schon immer Experte sein wollten. Googeln Sie diese Themen und finden Sie heraus, wie andere diese Nische bereits vermarktet haben.

Die Konkurrenz sollte natürlich nicht zu groß sein. Sie sollte jedoch vorhanden sein, da es ansonsten ganz offensichtlich kein Interesse an dieser Nische gibt. Glauben Sie ein oder mehrere Themen gefunden zu haben, googlen Sie es, zum Beispiel mit: „xyz kaufen". So finden Sie heraus, ob es Interesse gibt Produkte, die mit Ihrem Thema zu tun haben, zu kaufen. Außerdem sehen Sie auch, welche Angebote es bereits gibt. Fällt die Anzahl der Suchergebnisse zu hoch oder zu niedrig aus, ist es vielleicht nicht das richtige Thema. Trotzdem können Sie Ihre Idee weiterentwickeln. Gibt es für Ihre Nische beispielsweise bereits zu viel Konkurrenz, können Sie eventuell eine Unterkategorie finden und sich hier spezialisieren. Versuchen Sie einfach in alle Richtungen zu denken und überlegen Sie, was Sie selbst besonders ansprechen würde und welche Angebote Sie im Internet vermissen.

Wichtig ist auch, dass Sie überhaupt einen Online-Shop als Partner finden, den Sie später auf Ihrer Website verlinken. Wenn es keine käuflichen Angebote und Online-Händler gibt, die Ihre Nische bedienen, werden Sie auch kein Geld verdienen. An dieser Stelle wollen wir uns näher mit Affiliate-Partnerprogrammen beschäftigen.

Was ist Affiliate Marketing?

Affiliate Marketing ist einer der besten Arten Online Geld zu verdienen. Während andere Methoden kommen und gehen, wird Affiliate Marketing voraussichtlich mit dem Handel von Waren und Dienstleistungen über das Internet stetig wachsen. Wer gutes Affiliate Marketing betreibt kann damit eine ganze Menge Geld verdienen. Und das Beste: Es ist super einfach und günstig mit Affiliate Marketing anzufangen.

Doch was ist Affiliate Marketing eigentlich? Ganz einfach: Man bewirbt ein Produkt mit Hilfe eines speziellen Affiliate-Links. Für jeden abgeschlossenen Kauf erhält man eine Kommission. Das Produkt kann dabei eine Dienstleistung, ein digitales oder ein physisches Produkt sein.

Das Beste daran: Man muss weder sein eigenes Produkt entwickeln, noch muss man sich ein großes Warenlager anschaffen. Alles, was man braucht um mit Affiliate Marketing anzufangen ist ein Affiliate Link. Diesen bekommt man, indem man sich kostenlos bei einem der unzähligen Affiliate Programmen anmeldet und schon kann man anfangen Geld zu verdienen, ohne selbst auch nur einen Cent dafür auszugeben.

Affiliate Marketing ist auch für den Verkäufer sinnvoll, denn so findet er Partner, die sein

Produkt für ihn verkaufen, ohne dass der Verkäufer dafür weiteres Geld investieren muss. Erst nachdem ein neuer Kunde etwas gekauft hat, bezahlt er den Affiliate mit einem gewissen Prozentsatz des Kaufs. Eine Win-Win Situation für Verkäufer und Affiliate Marketer, denn der Verkäufer spart sich somit das Risiko und viel Geld für Werbung und der Affiliate wird am Gewinn beteiligt.

Wieviel verdient man als Affiliate Marketer?

Eine allgemeine Antwort auf diese Frage kann man also nur schlecht geben, da es von sehr vielen Faktoren abhängig ist. Ist das Produkt gut? Ist die Verkaufsseite ansprechend und professionell gestaltet? Passt das Produkt zum ausgewählten Zielpublikum?

Die besten Affiliate Marketer weltweit verdienen jährlich bis zu achtstellige Beträge. Je nachdem wie viel Aufwand man dabei betreibt und wie gut man ist, ist es durchaus möglich mehrere tausend Euro pro Monat mit Affiliate Marketing zu verdienen. Mit etwas Geschick und dem nötigen Wissen ist dies sogar in nur ein paar Stunden pro Woche zu schaffen.

Die Kommissionen, die man erhält variieren von 1 % bis hin zu 100 % des Kaufpreises. Normalerweise erhält man für digitale Produkte, wie Online Kurse und digitale Bücher mehr Kommission als für physische Produkte. Dies liegt daran, dass ein einzelnes digitales Produkt keine Kosten mit sich bringt, so dass der Verkäufer großzügiger mit den Kommissionen sein kann.
100 % Kommission erhält man meist nur für ein "Einstiegs-Produkt", welches dazu da ist neue Kunden zu gewinnen.

Wo findet man Affiliate Produkte?

Es gibt eine schier unbegrenzte Anzahl an Affiliate Produkten, die man bewerben kann. Täglich kommen neue Produkte und Dienstleistungen hinzu.

Ob man nun physische oder digitale Produkte bewerben möchte, hängt natürlich mitunter auch von den eigenen Interessen ab.
Wer sich zum Beispiel einem Hobby wie Fußball widmet, wird sich eher für physische Produkte entscheiden, während jemand im Dating oder Ernährungs-Bereich sich eher auf digitale Produkte konzentrieren wird.

Die meisten Internet Marketer bewerben digitale Produkte. Hier sind die Verkäufer in der Regel großzügiger mit Ihren Kommissionen und man kann somit normalerweise auch mehr Geld verdienen, als bei physischen Produkten.
Dies hängt jedoch auch oft mit der gewählten Nische und dem Affiliate Angebot zusammen.

Doch wo findet man nun die passenden Affiliate Angebote?
Am besten fängt man mit einer einfachen Google-Suche an. Entweder sucht man direkt nach seinem Hauptthema + Affiliate/Partnerprogramm (z. B. "Angeln Affiliate" oder "Kochen Partnerprogramm") oder man sucht nach spezifischen Keywords der jeweiligen Nische (z. B. "Kochtopf Partnerprogramm" oder "Lippenstift Affiliate").
Wer sich noch nicht auf eine Nische festgelegt hat, kann sich auch in einem der vielen Affiliate Verzeichnissen umsehen und sich dort ein passendes Angebot heraussuchen.
Die größten deutschsprachigen Netzwerke sind dabei affili.net, tradedoubler.de und awin.com. Allerdings gibt es noch viele weitere Netzwerke und Verzeichnisse, in denen man tolle Affiliate Angebote finden kann.

Welches ist das richtige Affiliate Produkt?

Die Auswahl des richtigen Produktes ist wahrscheinlich der wichtigste Punkt wenn es ums Affiliate Marketing geht. Hier entscheidet sich, ob die Kampagne erfolgreich ist oder nicht. Wer das richtige Produkt für das richtige Zielpublikum findet, kann damit eine Menge Geld verdienen. Wer hingegen das falsche Produkt für sein Zielpublikum auswählt wird kaum mehr als ein paar zufällige Erfolge erzielen, auch wenn er noch so ein guter Affiliate Marketer ist.

Doch sollte nicht nur darauf geachtet werden, dass das Produkt gut aussieht und sich leicht verkaufen lässt. Es sollte auch immer sichergestellt werden, dass das Produkt auch das bietet was es verspricht. Wer einmal für ein schlechtes Produkt wirbt, wird diesen schlechten Ruf nur noch sehr schwer wieder los. Daher sollte man nach Möglichkeit immer sicher gehen, dass das Produkt auch gut genug ist und das hält, was es verspricht. Als goldene Regel gilt: Man sollte immer das Produkt bewerben, bei dem das Zielpublikum den meisten Nutzen hat. NIEMALS sollte man das Produkt wählen, bei dem man denkt man könnte damit am meisten Geld verdienen.

Die erfolgreichsten Marketer sind sich in einer Sache einig: Die Interessen der Kunden sind immer wichtiger als die eigenen Interessen. Wer nur auf den kurzfristigen Profit aus ist, muss ständig neue Kunden suchen. Wer sich jedoch zuallererst um die Kunden und deren Bedürfnisse kümmert, kann sicher sein, dass zufriedene Kunden immer wieder gerne zurückkehren und weiteren Kaufempfehlungen nachgehen werden.

Eine der Aufgaben eines Affiliates ist es, ein vertrauensvoller Berater zu sein. Wer seinem Zielpublikum die besten Produkte empfiehlt, die ihnen am meisten helfen, dessen Erfolg ist bereits vorprogrammiert. Wer diese einfache Aufgabe für genügend Leute erfüllen kann wird automatisch zu einem Fachmann in dem entsprechenden Bereich. Dadurch erhöht sich automatisch die Reichweite und immer mehr Leute suchen dessen Rat, welches Produkt sie kaufen sollen.

Heißt das nun, dass man sich jedes Produkt selbst kaufen muss, um sicherzugehen, dass es gut genug ist? Nicht unbedingt.

Selbstverständlich ist es am besten, wenn man für Produkte wirbt, die man sich selbst gekauft hat. Denn so weiß man, dass die Verkaufsseite und das Produkt selbst ansprechend genug sind und dass es auch andere Leute gibt, die dieses Produkt kaufen werden.

Einige Verkäufer stellen einem auch das Produkt kostenlos zum Test zur Verfügung. Dies ist natürlich immer einfacher, wenn man sich bereits einen Namen gemacht hat und für andere Produkte erfolgreich geworben hat. Wenn man sich das Produkt also nicht selbst kaufen möchte, kann man immer beim Verkäufer anfragen ob dieser einem das Produkt zur Begutachtung zur Verfügung stellt.

Natürlich kann man auch auf Onlinebewertungen zurückgreifen. Allerdings weiß man nie, wer diese Bewertungen schlussendlich geschrieben hat und ob diese vertrauenswürdig sind oder nicht. Es besteht ein gewisses Risiko, dass sich diese Bewertungen als falsch erweisen und das Produkt nicht hält was es verspricht. Daher sollte genau abgewägt werden, ob man nun dieses Risiko eingehen will oder nicht.

Den richtigen Partner finden

Es gibt viele vielversprechendste Partnerprogrammen und Netzwerke auf, die Sie zugreifen können. Die Partner-Websites dienen als Vermittler und bieten eine große Bandbreite an Themen und Produkten. Wenn Sie glauben eine Nische gefunden zu haben, sollten Sie sich also hier informieren, ob es lukrative Angebote für entsprechende Verlinkungen gibt. Partner-Portale sind zum Beispiel: SuperClix, Belboon, Zanox, Affilinet und Adenion.

Die Partnerprogramme sind also den Händlern und Ihnen, dem Werbenden, zwischengeschaltet. Sie wirken vermittelnd und kassieren dafür natürlich auch eine Provision. Zu Beginn sind Sie jedoch unbedingt auf Sie angewiesen. Die Vergütungsmethoden sind unterschiedlich und Sie können Sie zum Teil auch selbst auswählen. So gibt es Angebote, bei denen Sie schon für die Klicks auf den Link des Online-Shops bezahlt werden. Andere Möglichkeiten sind, dass Sie erst finanzielles Kapital schlagen, wenn der Besucher etwas bei diesem Online-Händler kauft oder eine andere Aktion auf dessen Website ausführt.

Nach meiner persönlichen Meinung sollten Sie das Produkt oder die Dienstleistung, die Sie anbieten, vorher auf jeden Fall testen. Stellen Sie sicher, dass speziell hochpreisiger

Waren vorher überprüft wurden!

Damit meine ich jetzt nicht, dass Sie jede Dienstleistung die Sie anbieten davor testen müssen, doch wenn Sie erfolgreich vermitteln bzw. empfehlen möchten, und sich über längere Zeit am Markt halten wollen, dann ist die Qualität Ihrer Empfehlung der allerwichtigste Faktor!

Kunden, die von Produkten/Dienstleistungen die Sie vermittelt haben enttäuscht sind, werden einerseits diese zurück geben, und andererseits sinkt dadurch Ihre Reputation!

Zahlen Sie also in die „Bank des Vertrauens" immer wieder ein und empfehlen Sie nur das, was Sie auch selber empfohlen bekommen haben wollen!

Der Inhalt macht den Unterschied

Sie haben nun also eine passende Nische gefunden und haben auch schon einen Affiliate-Partner im Kopf, der Sie mit Links von Online-Shops füttern könnte. Wie geht es weiter?

Die Website selbst ist schnell erstellt. Kostenlose oder sehr preiswerte Angebote für Websites und Blogs gibt es wie Sand am Meer. Ihre Website braucht keine komplizierten Tools und Spezialeffekte, wenn Sie sie nur als Affiliate-Website benutzen wollen. Wenn Sie den Namen Ihrer Domain auswählen, sollten Sie auf einen kurzen und prägnanten Titel setzen, welcher das Schlüsselwort oder Schlüsselwörter Ihres Website-Themas enthält. Ist die Website erstellt, muss Sie natürlich mit Inhalt gefüllt werden. Hierzu haben Sie in einem vorherigen Kapitel bereits viel erfahren. Im Unterschied zu Blogeinträgen, sollten Sie bei Ihrer Affiliate-Website jedoch beachten, dass Sie vielleicht nicht unbedingt regelmäßige Follower haben. Es ist deshalb angebracht, die Artikel kürzer zu halten. Das ist zumindest am Anfang ratsam und besonders, wenn man sich mit dem Thema nicht so sehr auskennt. Warten Sie die Reaktionen ab, indem Sie regelmäßig die Besucherzahlen analysieren.

Die Artikel müssen natürlich schon aus rechtlichen Gründen unbedingt einzigartig sein. Falls Sie nicht so gerne Schreiben, können Sie Artikel auch einkaufen. Grade wenn Sie Affiliate-Websites im großen Stil online schalten, werden Sie den Berg an Schreibarbeit gar nicht mehr alleine bewältigen können. Auch nachdem Sie bereits ein Nischen-Thema gefunden haben, ist es immer noch wichtig konkret über den Inhalt Ihrer Seite nachzudenken und diesen immer wieder zu reflektieren. Finden Sie heraus, was die Leute suchen, die auf Ihrer Seite landen. Was wollen Sie wissen? Wie so oft im Leben, suchen Sie Lösungen für Ihre Probleme. Produzieren Sie also Artikel, die die Leute direkt ansprechen und ihnen Antworten auf Fragen liefern, die in Ihrer Nische thematisiert werden. Sie müssen zielgerichtete Artikel produzieren! Solche, die die Menschen ansprechen und Ihnen einen Mehrwert geben. Dies ist die erste Art von Artikeln, welche Sie brauchen. Sie sind neutral und setzen sich tatsächlich mit dem Thema auf seriöse Art und Weise auseinander. Es gibt jedoch noch eine zweite Art.

Diese Artikel sind kaufbezogen. Hier geht es um konkrete Produkte, um Erfahrungen mit diesen Produkten, Produktvergleiche, Produktneuheiten und so weiter. In diese Art von Artikeln gehören auch Kaufempfehlungen und die entsprechenden Links zu Ihren Online-Shop-Partnern. Indem Sie beide Arten von Artikeln bedienen, wirkt Ihre Werbung weniger aufdringlich. Ihre Website erscheint seriöser und vertrauenswürdiger. Schließlich wollen Sie den Besuchern wirklich eine Hilfe sein und nicht nur plump ein Produkt vermarkten.

Bevor Sie mit einem größeren Publikumsansturm auf Ihre Website rechnen, sollten Sie bereits einige Artikel produziert haben. Zehn ist eine gute Zahl. Halten Sie die meisten Artikel eher kurz und knackig und bleiben Sie bei einer Wortzahl von rund 300.

Hin und wieder können Sie einen längeren Text veröffentlichen und diesen zum Beispiel als Special anpreisen. Natürlich sollten Sie Ihre Website auch pflegen. Affiliate-Websites sind jedoch relativ pflegeleicht. Zwei neue Artikel pro Monaten reichen schon aus. Mehr ist natürlich immer besser, doch im Unterschied zu Blogs werden Sie wohl keine große Fangemeinde erreichen, die hungrig auf Ihren nächstes Artikel wartet. Auch wollen Sie mit Ihren Artikeln nicht den Pulitzer-Preis gewinnen. Konzentrieren Sie sich lieber auf einen allgemein gut verständlichen Ausdruck, ohne tiefgründige philosophische Abschweifungen. Back to Basics! Aus diesem Grund ist es auch empfehlenswert, die Kommentarfunktion auf der Website auszuschalten. Sie wollen keine intellektuell anspruchsvollen Diskussionen führen, wie in einem Blog. Sie wollen informieren und Links platzieren.

Mehr Traffic

Wie kommen eigentlich die Besucher auf Ihre Website? Anders als beim Bloggen ist das schon etwas aufwendiger. Ihnen sollte klar sein, dass eine Website alleine nicht ausreicht. Genau deshalb braucht es am Anfang viel Zeit bis sich diese Art Online-Business überhaupt auszahlt. Sie müssen ein Netz an Websites und Social-Media-Seiten aufbauen, Ihre Website würde sonst einfach nicht gefunden werden. Natürlich sollten Sie auch versuchen Verbündete zu finden und sich mit Websites anderer Betrieben verlinken. Durch die Analyse Ihrer Website durch SEO-Programme, optimieren Sie Ihren Listenplatz in den Suchmaschinen. So werden Sie bei Google hoffentlich schon bald auf der ersten Seite gefunden werden, wenn jemand nach Ihrem Thema sucht.

Schalten Sie die Affiliate-Links auf Ihrer Website so früh wie möglich frei. Überlegen Sie vorher, ob dieser Link auch tatsächlich zum Thema Ihrer Seite und Ihres Artikels passt. Je spezifischer der Link, desto besser. Viele Affiliate-Partnerprogramme bieten Sonderbanner mit Schnäppchen oder anderen Grafiken an. Arbeiten Sie nach dem Online-Schalten Ihrer Website beständig an deren Optimierung. Dass Sie sie mit neuen Artikeln versorgen müssen, haben wir bereits erwähnt, auch danach sollten Sie nicht aufhören nach Produktanbietern zu suchen.

Vielleicht taucht mit der Zeit ein Online-Shop auf, der Ihre Nische noch besser bedient. Um mehr zu verdienen, können Sie eine direkte Kooperation mit dem Händler eingehen, ohne den Umweg über die Partnerprogramme zu wählen. Probieren Sie neue Sachen aus. Testen Sie Ihre Ideen. Vergessen Sie nicht, dass jede Branche sich im Wandel befindet. Vielleicht müssen Sie Ihre Nische hin und wieder anpassen. Spezialisieren Sie sich. Setzen Sie neue Akzente. Reagieren Sie auf Neuerungen. So sind Sie Ihrer Konkurrenz immer einen Schritt voraus. Analysieren sie hinterher, wie Ihr Plan funktioniert hat. Wie haben Ihre Besucher auf eine Neuerung reagiert? Was können Sie das nächste Mal besser machen? Seien Sie kritisch und reflektieren Sie sich ständig.

Wenn Sie ein Projekt, eine Website oder was auch immer fertiggestellt haben, dann ruhen Sie sich natürlich nicht aus und warten auf Ihre Besucher. Denken Sie daran, dass Sie ein Netzwerk an Online-Präsenzen brauchen. Verlinken Sie sich immer weiter. Wir sagten ja bereits, dass Online-Business viel Geduld braucht, warten Sie also nicht darauf, dass Ihre Website von alleine arbeitet. Früher oder später wird sie das hoffentlich, doch am Anfang wartet viel Arbeit auf Sie!

Eine weitere Möglichkeit potenzielle Kunden für Ihre Affiliate Produkte zu finden ist das Sammeln von Email Kontakten, z. B. indem

sich Leute auf Ihrer Website für einen
Newsletter eintragen. Wie das im Einzelnen
funktioniert wird im folgenden Kapitel erklärt.

Das Geld steckt in der Liste

Jeder Internet Marketer hat es schon oft
gehört - das wohl meistbenutzte Zitat im
Internet Marketing: "Das Geld steckt in der
Liste."
Und mit gutem Recht. Zwar gibt es andere
Methoden um per Affiliate Marketing Geld zu
verdienen, doch ist keine der Methoden so
lukrativ wie eine eigene E-Mail Liste.

Wer eine aktive E-Mail Liste besitzt hat quasi
seine eigene legale Gelddruckerei. Alles was
man tun muss ist ein passendes Affiliate
Angebot herauszusuchen, eine kurze E-Mail
darüber zu schreiben und auf senden zu
drücken und schon purzeln die Kommissions-
Benachrichtigungen rein.

Die Frage ist nur, wie man sich so eine Liste
aufbauen kann?
Zuerst braucht man etwas, das man kostenlos
im Austausch für eine Newsletter-Anmeldung
weitergeben kann. Dieses Produkt kann zum
Beispiel ein eBook, ein Video (oder ein
mehrteiliger Videokurs) usw. sein. Zwar kann
man auch ein physisches Produkt verteilen,
dies zieht jedoch weitere Kosten mit sich und

ist aufwändiger, als ein kurzes PDF, welches automatisch verschickt werden kann.

Dieses Produkt sollte auf jeden Fall etwas sein, dass möglichst viele Leute des Zielpublikums haben wollen. Es lohnt sich hierfür etwas mehr Zeit zu investieren.

Entweder man schreibt selbst ein kurzes eBook, dreht ein Video oder sucht sich ein Produkt mit den entsprechenden Rechten, welches man verwenden kann (sogenannte Private Label Rights Produkte). Man kann natürlich auch einen Freelancer damit beauftragen ein Video oder eBook für einen zu erstellen. Hauptsache das Endprodukt ist qualitativ hochwertig und hilft ein spezifisches Problem zu lösen.

Als Nächstes braucht man natürlich noch eine Landing Page. Dies ist eine einfache, kleine Webseite, die nur ein Ziel hat: Die E-Mail-Adresse des Besuchers zu bekommen. Diese Seiten sind in der Regel ganz simpel gehalten und beinhalten nur wenig Text. Eine kurze Google Suche hilft auch hier weiter um einige Beispiele zu finden.

Weiterhin braucht man einen Autoresponder wie beispielsweise Get Response oder AWeber, um die E-Mail-Adressen zu sammeln und automatische E-Mail Nachrichten zu verschicken. Die Meisten dieser Anbieter bieten auch Landing Pages an. So kann man sich diese ganz einfach und ohne Programmier-Kenntnisse selber aufstellen.

ACHTUNG!
Hierbei sollte man darauf achten, dass mit dem Autoresponder Anbieter auch Affiliate Marketing betrieben werden darf. Zwar ist MailChimp ein kostenloser E-Mail Marketing Anbieter, jedoch verbietet dieser in den Allgemeinen Geschäftsbedingungen Affiliate Marketing.

Nachdem sich der Besucher für den Newsletter angemeldet hat kann man diesen auf ein zweites Angebot verweisen. Dies kann ein eigenes, kostenpflichtiges Produkt sein oder aber ein passendes Affiliate Angebot. Natürlich werden nicht alle die sich für den Newsletter angemeldet haben auf das Angebot eingehen. Aber es wird durchaus Leute geben, die sich das Produkt kaufen werden. Dies ist eine gute Möglichkeit um ein paar Euro zu verdienen während man seine eigene Liste aufbaut.

Sobald man die oben genannten Punkte alle fertig aufgebaut hat, wird es Zeit Besucher auf die Landing Page zu schicken, damit sich möglichst viele Leute für den Newsletter anmelden.

Es gibt hunderte Arten, wie man Besucher auf die eigene Landing Page bringen kann. Unter anderem: Ein Link auf dem eigenen Blog, Werbung auf Facebook und anderen Social Media Seiten zu schalten, andere bezahlte Werbung, Forums-Marketing, Artikel- oder Video-Marketing und noch viele weitere mehr.

Bevor man jedoch hunderte Euro in Werbung investiert, sollte man unbedingt erst einmal alles Testen und seine eigene Konversionsrate herauszufinden.

Hier ein kurzes Beispiel: Nehmen wir an, dass 100 Besucher auf die Landing Page kommen.

Davon melden sich 38 Leute an. Dies entspricht also einer Konversionsrate von 38 %.

Und von diesen 38 Leuten, entscheiden sich 5 Leute das angebotene Affiliate Produkt zu kaufen. Dies ist eine Konversionsrate von ca. 13 % oder aber 5 % aller Besucher.
Anders gesagt heißt das, dass im Schnitt jeder 20. Besucher das Angebot annehmen wird und wir eine Kommission erhalten.

Wenn wir nun eine Affiliate Kommission von 35 € pro Kauf erhalten haben wir insgesamt 175 € verdient.
Nun wissen wir auch, dass wir für jeden Besucher nicht mehr als 1.75 € ausgeben dürfen, damit wir keinen Verlust machen. Jetzt können wir entweder nach Werbung Ausschau halten, die uns weniger als 1.75 € pro Besucher kostet, oder wir optimieren unser Angebot und unsere Landing Page um unsere Konversionsrate weiter zu erhöhen. Dies tun wir, indem wir eine zweite, beinahe identische Landing Page erstellen und nur eine Kleinigkeit daran ändern. Die Kleinigkeit könnte zum Beispiel die Textfarbe oder das Hintergrundbild sein oder eine kleine Änderung am Titel oder im Text. Per Split Test können wir dann alle Besucher abwechselnd auf eine Seite schicken.

Nehmen wir an, dass wir 200 weitere Besucher auf unsere Landing Page geschickt haben. Davon sind 100 Besucher auf Seite A und 100 Besucher auf Seite B gelandet.

Seite A war unsere Ausgangsseite und nehmen wir der Einfachheit halber an, dass sich dort erneut 38 Personen angemeldet haben.

Auf Seite B haben wir nur das Hintergrundbild geändert, doch diese Änderung hat sich bemerkbar gemacht, denn auf dieser Seite haben sich ganze 45 Leute angemeldet.
Nun haben wir die Konversionsrate der Anmeldungen von 38 % auf 45 % gesteigert.
Mit der neuen Konversionsrate sehen natürlich mehr Leute das Affiliate Angebot und mehr Leute schlagen auch hier zu.
Bei einer Konversionsrate von 13 % des Affiliate-Produkts sind dies 5.8 Personen, oder 203 € Umsatz pro 100 Leute, respektive 2.03 € pro Person.
Mit dieser kleinen Änderung können wir nun rund 2 € pro Besucher ausgeben.

Ohne diese einfache Änderung würden wir pro Besucher 0.28 € verlieren. Bei 1'000 Besuchern wären das schon
280 €, die wir entweder in weitere Werbung investieren könnten oder mit denen wir uns einen schönen Abend machen könnten um unseren Affiliate Erfolg ordentlich zu feiern.

Das Ganze kann man natürlich beliebig oft wiederholen und so seine Konversionsrate um

die Einnahmen pro Besucher zu steigern.
Man sollte nur darauf achten die Tests lange
genug laufen zu lassen, um eine möglichst
genaue Auswertung zu erhalten. Je grösser
die Besucherzahl umso genauer auch die
Auswertung.

Die Besten Landing Pages werden durch
solche Tests soweit optimiert, bis sie eine
Konversionsrate von 50-60 % haben -
manche erreichen sogar noch mehr!
Das heißt, dass sich dort mehr als die Hälfte
aller Besucher anmelden.

Mit einem guten Angebot nach der
Anmeldung lässt sich das Ganze auch noch
von selbst finanzieren.
Und all den gesammelten E-Mail-Adressen
auf der Liste kann man natürlich später noch
weitere Angebote schicken und zusätzliches
Geld verdienen.

Kostenlose Listen bilden

Natürlich kann man seine Liste auch kostenlos aufbauen. Allerdings dauert dies in der Regel deutlich länger. Es sei denn, man hat bereits ein größeres Zielpublikum, auf welches man zurückgreifen kann. (Zum Beispiel YouTube Abonnenten, Social Media Follower oder Blog-Leser).

Eine Möglichkeit ist das Forums-Marketing. Hierbei meldet man sich in einem oder mehreren möglichst großen Foren der jeweiligen Nische an und nimmt an den Unterhaltungen teil. Wichtig dabei ist, dass man nie seine eigenen Produkte oder die Liste bewirbt, sondern lediglich durch hilfreiche und konstruktive Kommentare ein Teil der Community wird und seine Landing Page in der Forums-Signatur einfügt. Andere Mitglieder werden von alleine auf den Link aufmerksam.
Allerdings ist zu beachten, dass nicht alle Foren Links in der Signatur zulassen. Diese Methode ist vor allem dann hilfreich, wenn man sich sowieso in Foren aufhält und gerne an Diskussionen teilnimmt.

Wichtig dabei ist natürlich auch, dass das Forum möglichst viele aktive Mitglieder hat, die die jeweiligen Beiträge auch sehen. Da es aber leider immer weniger Nischen-Foren gibt, funktioniert diese Methode nicht in allen Nischen.

Die zweite Möglichkeit ist es, einen eigenen Blog zu erstellen. Diese Methode ist zudem mit Abstand die Beste. Vor allem in Kombination mit Suchmaschinen-Optimierung ist diese Methode unschlagbar und sollte von jedem Affiliate Marketer genutzt werden.

Das Ziel hierbei ist es, durch gute Blog Posts und geschicktem SEO so weit oben wie möglich in den Suchmaschinen zu erscheinen. Dabei sollte man sich vor allem am Anfang um sogenannte Longtail Keywords bemühen. Diese Keywords haben in der Regel mehr als 2–3 Wörter. Hier ein paar Beispiele für mögliche Longtail-Keywords in der Dating Nische: "Wie bekomme ich meinen Ex zurück?" "Wohin zum ersten Date" "Wo kann man am besten Frauen kennenlernen".

Diese Keywords sind meistens sehr spezifisch auf eine Frage ausgelegt, die der Suchende lösen möchte. Wer nun einen Beitrag verfasst, welcher sich genau mit diesem Thema befasst, hat bessere Chancen zu diesem Suchbegriff aufzutauchen als eine große Dating Seite, die sich nicht direkt mit dem Thema befasst.

Falls der Besucher den Beitrag hilfreich findet, dann ist die Chance hoch, dass er sich weitere Beiträge anschaut oder sich gleich für den Newsletter anmeldet.

Blog Marketing kann äußerst lukrativ sein. Anders als bei Werbung ist ein veröffentlichter Artikel immer aktiv und solange die Seite online ist besteht die Möglichkeit durch diesen Artikel neue Leute für seine Liste zu finden.

Damit Blog Marketing auch richtig funktioniert ist es wichtig, dass man Suchmaschinen-Optimierung betreibt.

Auch sollte man darauf achten, dass die gewählten Suchbegriffe oft genug gesucht werden und bei denen man aber trotzdem noch unter die ersten 5 Einträge in Google kommen kann. Je bekannter und älter sein eigener Blog wird, umso einfacher wird es auch eine gute Position bei Google zu erhalten.

Zu guter Letzt gibt es noch die Möglichkeit seine Liste durch YouTube zu bilden. Auch hier sollte darauf geachtet werden, dass man zielgenaue Videos für die YouTube Suche erstellt, um seinen Kanal und damit auch seine Liste möglichst rasch zu vergrößern. Wie bereits erwähnt gilt YouTube mittlerweile als zweitgrößte Suchmaschine und von daher ist auch diese Methode durchaus empfehlenswert. Video Marketing wird auch in Zukunft an Wichtigkeit zunehmen, da immer mehr Leute die Antwort zu ihren Fragen in Videos suchen, statt lange Artikel zu lesen.

Was machen die Anderen?

Ein kurzer Tipp zwischendurch: Es ist immer hilfreich zu sehen wie es andere Affiliate Marketer in der jeweiligen Nische machen. So sollte man sich bei den Listen seiner Mitbewerber anmelden. Am besten sucht man sich Newsletter von großen Affiliate Blogs der eigenen Nische aus und studiert deren E-Mails.

- Was steht in den Betreff-Zeilen?
- Was für Produkte empfehlen sie?
- Wie sehen die E-Mails inhaltlich aus?
- Wie oft werden E-Mails versendet?
- Wie ist die Balance zwischen inhaltlichen Nachrichten und Produktempfehlungen?

Diese und weitere Fragen können dabei helfen die eigene Strategie zu erstellen.

Wer diese Emails genau studiert kann dabei einiges von bereits erfolgreichen Affiliate Marketer lernen. Dieses Wissen kann dann für die eigene Liste angewandt werden um seinen eigenen Erfolg zu verbessern.
Es versteht sich hierbei natürlich von selbst,

dass man dabei niemals einen einzigen Marketer 1 : 1 kopieren oder nachmachen sollte. Man sollte lediglich sehen wie es die Anderen machen, um einen Anhaltspunkt zu finden und versuchen die Ideen und Anregungen mit dem eigenen Stil zu kombinieren und etwas Neues und eigenes daraus zu kreieren.

Wie schreibt man ein Werbe-E-Mail

Wir wissen nun, dass man durch Werbe-E-Mails als Affiliate Marketer sein Geld verdient. Doch wie schreibt man nun solch ein E-Mail um möglichst viele Leute dazu zu bewegen das beworbene Produkt auch zu kaufen?

Beim Werbetexten gibt es eine einfache Regel: Der wichtigste Satz des ganzen Werbetextes ist der 1. Satz. Hier entscheidet sich, ob der Leser den Artikel als interessant genug ansieht um diesen ganz zu lesen (oder zumindest um weiterzulesen) oder ob er den Artikel einfach überspringt.
Welcher Satz ist nun beim E-Mail Marketing am wichtigsten? Genau. Der Betreff.

Die Betreffzeile entscheidet, ob die E-Mail überhaupt geöffnet wird oder ungeöffnet in den Papierkorb fliegt. Der Betreff muss also so geschrieben werden, dass der Empfänger die E-Mail einfach aufmachen und lesen MUSS. Und das am besten sofort, bevor das Interesse wieder verfliegt.

Schließlich kann der Abonnent nur dann etwas kaufen, wenn er die E-Mail überhaupt liest.

Eine gute Idee ist es, die Nachrichten in seinem E-Mail Archiv durchzugehen und zu sehen welche Betreffzeilen einen selbst am meisten dazu gebracht haben die E-Mail gleich zu öffnen und zu lesen - vor allem dann, wenn man eigentlich ganz was anderes vor hatte. Haben diese Betreffzeilen etwas gemeinsam? Ist ein Muster erkennbar? Wichtig hierbei ist natürlich auch, dass der Betreff auch zum eigentlichen Inhalt der Nachricht passt. Wenn Betreff und Nachricht keine Gemeinsamkeit haben, so fühlt sich der Abonnent veräppelt und wird zukünftige Nachrichten nicht mehr lesen.

Oft hilft es auch erst die komplette E-Mail zu schreiben und die Betreffzeile erst danach zu schreiben.
Doch wie schreibt man nun die E-Mail selbst so, dass der Leser auf den Affiliate Link klickt und sich das Produkt kauft?
Auch hier kann man sich wieder an den anderen Affiliate Marketern orientieren. Zwar sollte man niemals einen anderen Marketer kopieren, dennoch lässt sich viel dabei lernen.

Interessant wird es besonders dann, wenn mehrere Affiliates dasselbe Produkt bewerben. Zwar ist das Produkt selbst genau das gleiche, doch sind dabei die Nachrichten in der Regel komplett verschieden.

Einige Marketer verwenden ihren eigenen Schreibstil, während andere immer dieselbe Struktur für ihre E-Mails verwenden und wieder andere passen die Nachricht und den Inhalt jeweils dem Produkt an.

Eine Formel gibt es hierbei keine. Jede Nische ist dabei ganz verschieden und die unterschiedlichsten Ansätze funktionieren. Vor allem am Anfang sollte man ruhig verschiedene Ideen und Methoden ausprobieren und sich so seinen eigenen Stil kreieren, der am besten für einen funktioniert.

Viele Wege führen nach Rom und so ist es auch bei den Affiliate Promo E-Mails. Während ein Affiliate seine Mails als eine Art Erfahrungsbericht schreibt und erwähnt was er gut an dem Produkt fand, schwört ein anderer Affiliate darauf seine Promotionen in Geschichten mit einzubinden die anfänglich nichts mit dem Produkt zu tun haben und erst am Ende wird klar wie dieses Produkt das spezifische Problem gelöst hat. Und der dritte Affiliate schreibt seine Nachrichten so kurz wie möglich und nutzt sein Werbetexter-Wissen um die Produkte zu verkaufen.

Es kann auch hilfreich sein negative Punkte des Produktes zu erwähnen. Dies macht die ganze Werbung noch glaubhafter. Allerdings sollte man dies nur ab und zu benutzen und nicht bei jedem Produkt spezifisch nach Fehlern suchen.

Egal wie man nun seine eigenen E-Mails auch schreiben mag, eines darf nie fehlen: Ein präziser und klarer Handlungsaufruf wie Beispielsweise: "Schauen Sie sich das ganze HIER an." "Klicken Sie HIER um das Angebot zu sehen." Oder "Schlagen Sie jetzt zu und klicken Sie HIER."

Geld im Schlaf verdienen

Wer das erste Mal von Affiliate Marketing gehört hat, hat wahrscheinlich auch davon gehört wie man hunderte oder sogar tausende Euro im Schlaf verdienen kann. Doch stimmt das tatsächlich?

Oder ist das nur ein billiger Verkaufstrick?
Das geht tatsächlich. Und zwar per
Autoresponder.

Und wie funktioniert das Ganze?
Ganz einfach: Mit dem E-Mail Marketing
Dienst kann man automatische Nachrichten
erstellen, die zu einem bestimmten Zeitpunkt
versendet werden. So kann man zum Beispiel
eine Reihe von E-Mails schreiben, die dann
jedem Abonnenten individuell nach und nach
zugestellt werden.

Hier ein Beispiel: Person A meldet sich heute
für den Newsletter an und erhält die erste
Nachricht. Zwei Tage später meldet sich
Person B für den Newsletter an. Person A
bekommt E-Mail #2, während Person A E-Mail
#1 erhält usw.
So muss man nicht alle X Tage wieder eine
neue Nachricht schreiben und diese an alle
Abonnenten schicken, sondern kann die
"alten" Nachrichten immer wieder verwenden.

Zusätzlich kann man auch hier wiederum
Split-Tests durchführen und jede Nachricht
optimieren, so dass die Konversionsraten
gesteigert werden können. Sobald der ganze
Prozess einmal aufgebaut und optimiert

wurde, kann man das ganze automatisch weiterlaufen lassen. Nun kann man entweder seine Landing Page bewerben oder man beschränkt sich einfach auf die kostenlosen Anmeldungen über den eigenen Blog.

Wer sich einmal die Arbeit gemacht hat und einige gute Blog Artikel veröffentlicht hat, sowie eine gute Autoresponder Sequenz erstellt hat, kann mit diesem System jede Menge Geld ohne zu arbeiten verdienen. Natürlich gibt es immer wieder mal was zu tun. So sollte in regelmäßigen Abständen geprüft werden, ob alle Links noch funktionieren und die Informationen noch aktuell sind. Dies benötigt aber in der Regel nicht mehr als eine Stunde im Monat.

Wie viel man schlussendlich von so einem automatisierten System verdient ist natürlich immer abhängig davon wie hoch die Konversionsraten sind und wie viele Besucher sich für den Newsletter anmelden.

Es gibt einige Leute, die jede Menge Geld damit verdienen, indem sie regelmäßig solche Systeme aufbauen und dann automatisch weiterlaufen lassen, während dem sie sich um die nächste Seite kümmern.

Zugegeben, der ganze Aufbau kostet Zeit und/oder Geld, aber sobald es einmal läuft hat man sich seine eigene legale Gelddruckmaschine erstellt und kann sich zurücklehnen oder sich um andere Projekte kümmern. Einfacher geht es wirklich nicht mehr.

4 Tipps wie man seine Verkäufe steigert

Affiliate Marketing ist nicht immer leicht. Einige Nischen sind hart umkämpft und oft werben mehrere Affiliates für dasselbe Produkt. Daher ist es manchmal wichtig, dass man aus der Masse positiv heraussticht. Um genau dies zu tun, habe ich hier einige Tipps und Tricks zusammen-gestellt.

Dies ist vor allem dann sinnvoll, wenn es sich um ein etwas teureres Produkt handelt, das eine gute Kommission auszahlt.

Natürlich funktionieren diese Tipps auch bei kleineren Angeboten, doch sollte man dabei immer die Kosten/Nutzen Faktor in Betracht ziehen. Lohnt es sich wirklich 5 Stunden Arbeit auf sich zu nehmen für ein Produkt, bei dem man nur 5€ Kommission erhält, oder könnte man dieselbe Zeit besser damit verbringen weitere Blog Posts zu schreiben, um mehr Leute auf die eigene Liste zu bringen?

Tipp Nummer 1: "Sei Du selbst und werde ein vertrauenswürdiger Berater."

Zugegebenermaßen habe ich diesen Tipp bereits mehrmals angesprochen. Doch dieser Punkt ist so wichtig, dass ich ihn hier nochmal aufgreifen möchte.

Die meisten Affiliate Marketer (vor allem Anfänger und kleinere Affiliates) sind sehr faul. Sie versuchen immer wieder Kosten und vor allem Zeit einzusparen und benutzen die Nachrichten, die der Verkäufer zur Bewerbung seines Produkts zur Verfügung stellt.

Sowas sollte man auf keinen Fall machen!

Sollte auch nur ein Abonnent zufälligerweise genau dieselbe Nachricht von zwei Affiliates erhalten, so ist sämtliches Vertrauen weg und dieser Abonnent wird vermutlich nie wieder etwas kaufen. Mit etwas Pech spricht sich das Ganze auch noch herum.

Mit Übung schreiben sich diese Promotion-Nachrichten einfach und schnell. Es lohnt sich immer seine eigenen Nachrichten zu schreiben und seine eigene Meinung mit einzubinden.
Auch wenn mal niemand das Produkt kauft, so hat man trotzdem einen Grundstein für die Zukunft gelegt, indem man sein Fachwissen bewiesen hat.

Im Affiliate Marketing gibt es viele Möglichkeiten einiges zu automatisieren und Kosten zu sparen. Doch sollte man nie versuchen an den falschen Orten zu sparen - vor allem nicht, wenn es um die eigenen Abonnenten geht.

Tipp Nummer 2: "Das richtige Timing macht den Unterschied."

Vor allem bei neuen Produkten ist es wichtig, dass die E-Mails rechtzeitig geschickt werden. Wer seine Promo-E-Mail zu spät losschickt läuft Gefahr, dass ihm bereits ein anderer Affiliate zuvorgekommen ist, und die Abonnenten das Produkt schon gekauft haben bevor die eigene E-Mail überhaupt im Posteingang eingetroffen ist.

Genauso wichtig ist es, dass die E-Mails nicht zu früh versendet werden. Niemand kann etwas kaufen, das noch gar nicht verkauft wird. Und die Chance, dass die Abonnenten daran denken zu einem späteren Zeitpunkt wieder auf den Link zu klicken ist verschwindend klein.

Tipp Nummer 3: "Mach deine Abonnenten heiß auf das neue Produkt!"

Dieser Tipp lässt sich sehr gut mit Tipp Nummer 2 kombinieren. Hierbei sendet man eine ganze Reihe von E-Mails bereits vor dem Verkaufsstart des Produktes. Ziel dabei ist es, dass sich die Abonnenten schon im Voraus auf das neue Produkt freuen und dies unbedingt gleich kaufen wollen. So hat man seine Arbeit schon vor dem Verkaufstag erledigt und hat zudem mehrere Möglichkeiten das Produkt zu bewerben und die Abonnenten davon zu überzeugen, dass das Produkt wirklich sein Geld wert ist.

Eine gute Struktur für diese Taktik wäre zum Beispiel folgende: Nehmen wir an, wir wollen ein Produkt bewerben, welches Männern dabei hilft ein Date zu finden.

Nun schicken wir 6 Tage vor dem Produktstart eine Nachricht an unsere Abonnenten, in der wir darüber sprechen wie ein Freund, wir nennen ihn mal Steffen, das Problem hatte, dass er einfach kein Date gefunden hat. Dabei erwähnen wir weder das Produkt noch wie dies helfen kann, sondern bauen uns nur die Grundlage auf, indem wir Steffen und sein Problem kurz vorstellen. Das Ende der Nachricht gestalten wir wie eine Serie mit einem "Cliffhanger". So dass jeder wissen will wie es weiter geht.

Damit stellen wir sicher, dass die Abonnenten unsere nächste Nachricht möglichst sofort öffnen.

4 Tage vor dem Produktstart senden wir die 2. Nachricht heraus. Hier erzählen wir, wie Steffen sein Problem gelöst hat und plötzlich so viele Dates hatte, dass er sogar welche absagen musste, weil er einfach zu wenig Zeit hatte. Auch hier erwähnen wir das Produkt noch nicht und beenden die Nachricht mit dem Versprechen, dass in 2 Tagen die Lösung folgt.
Wer nun beide E-Mails gelesen hat will natürlich auch wissen, wie Steffen so viele Dates bekommen hat (selbst die Leute, die das Produkt eigentlich gar nicht brauchen oder wollen!). Alle warten auf die Auflösung und auf unsere nächste Nachricht.
2 Tage vor dem Produktstart schicken wir also Nachricht Nummer 3. Erst hier erwähnen wir das Produkt kurz. Wir bleiben aber hauptsächlich noch immer bei Steffens Geschichte und beenden die Nachricht erneut mit dem Versprechen, dass wir morgen mehr über den tollen Kurs erzählen.

1 Tag vor dem Produktstart schicken wir dann endlich unsere Promo-Nachricht, in der wir

das Produkt genauer vorstellen und erwähnen, dass dieses Morgen verkauft wird und wir den Link natürlich sofort schicken, sobald die Türen aufgehen. Wer nun das Produkt kaufen will, ist spätestens jetzt bereit dazu, seine Kreditkarte zu zücken und sofort zuschlagen. Alles, was wir nun noch tun müssen ist den Link zum Produkt rechtzeitig zu schicken.

Tag des Produktstarts: Nun schicken wir endlich den Affiliate Link zum Produkt. Weiterhin versuchen wir die Leute zu überzeugen, die noch nicht vollkommen überzeugt davon sind, dass das Produkt etwas für sie ist. Dies machen wir, indem wir z.B "Fragen und Antworten" über das Produkt erstellen oder uns überlegen, was für Gründe Leute davon abhalten könnte, sich das Produkt zu kaufen.

Tipp Nummer 4: "Noch einen obendrauf hauen."

Dieser Tipp ist vor allem dann hilfreich, wenn es sich um ein neues Produkt handelt, welches von vielen Affiliates beworben wird.

Alles, was man hier machen muss ist ein weiteres Produkt zu haben, das man kostenlos versenden kann. Am besten ergänzt es das zu verkaufende Produkt in irgendeiner Weise. Nun bietet man dieses kostenlos für all jene an, welche das Produkt über den eigenen Affiliate Link kaufen.

Das Produkt kann entweder ein eigenes sein, ein Private Label Rights Produkt oder aber auch ein eigens dazu entworfenes Produkt, das zum Beispiel eine Verbesserung des eigentlichen Produkts darstellt oder einen gewissen Punkt weiter erklärt.
Dabei muss das Bonus-Produkt gar kein langes eBook sein, solange es einen Mehrwert für die Käufer bietet. So ist eine Liste mit Internetadressen manchmal sogar mehr wert als ein dickes eBook.

Fazit

Man braucht wirklich kein Genie zu sein, um mit Affiliate Marketing richtig viel Geld zu verdienen. Man muss nur das richtige Produkt den richtigen Leuten in der richtigen Art und Weise präsentieren.

Allerdings steckt hinter Affiliate Marketing auch eine Menge Arbeit. Zwar erwähnt das kein Affiliate Marketer gerne, doch von nichts kommt nichts. Wer sich jedoch nicht vor der Arbeit scheut um sich seine eigene Liste aufzubauen, wird mit vielen Affiliate Kommissionen belohnt. Ist dann das ganze System mal aufgebaut, kann man sich entspannt zurücklehnen.

Jeder, der lange genug dran bleibt, kann sich seinen Lebensunterhalt mit Affiliate Marketing verdienen.

Nun ist es an der Zeit das Gelernte auch in die Tat umzusetzen und den ersten Schritt in Richtung eigener (Affiliate-)Geldmaschine zu machen.

Gleiches Konzept – anderes Medium

Das Prinzip des Affiliate-Marketings können Sie auch auf andere Medien anwenden. Um möglichst erfolgreich zu sein, sollten Sie sich sowieso breit aufstellen. YouTube bietet eine gute finanzielle Möglichkeit. Sie können es als Nebenangebot zu Ihrem Blog oder Ihrer Website nutzen oder als Einstieg. Das wichtigste ist natürlich das YouTube-Video selbst. Entweder Sie produzieren selbst ein solches Video oder Sie nutzen das Angebot Dritter, wobei Sie sich über die entsprechenden Rechte informieren sollten. Ersteres funktioniert wie ein Blog. Wählen Sie die Form eines Video-Blogs, haben Sie bereits erwähnte Dinge zu beachten.

Sie brauchen ein Nischen-Thema, welches die Leute anspricht und Sie müssen dieses Blog regelmäßig mit neuem Material in Form von neuen Videos füttern. Nur so halten Sie Ihre Anhängerschaft und bekommen neue Zuschauer. Praktische Lebenshilfe und Problemstellungen, die bewegen, sind hier wieder von Nöten. Auch dieses Mal, sollten Ihre Videos wieder professionell und ansprechend wirken. Es macht keinen Spaß einem Amateur-Filmer zuzusehen. Recherchieren Sie also Kanäle, die bereits von erfolgreichen Video-Bloggern geführt werden und die schon viele Follower haben. Gründen Sie nun Ihren eigenen Kanal. Haben Sie bereits eine Website, einen Blog, einen Facebook-Account etc. verlinken Sie Ihren YouTube-Kanal den anderen Online-Auftritten.

Ein YouTube-Kanal macht auch insofern Sinn, da er das Angebot Ihrer Affiliate-Website oder Blogs enorm erweitert. Also genau die breite Aufstellung von der wir soeben gesprochen haben. Sie machen Ihren Online-Auftritt um einiges interessanter, wenn Sie in möglichst vielen Medien vertreten und zu finden sind.

Sie müssen bei Ihrem eigenen Video nicht selbst vor der Kamera stehen. Genauso gut können Sie Slide-Shows und Präsentationen erstellen, die sich auf unterhaltsamere Weise mit einem Thema befassen. Das hat im Gegensatz zum Blog oder einer Website auch den Vorteil, dass Sie Menschen erreichen, die nicht so gerne lesen, sondern sich lieber von einem Video berieseln lassen. Wenn Sie ein Video mit Bildern und Ton versehen, können Sie auch mehr Informationen vermitteln als in einem Text, welcher ja eher kurz und knackig sein sollte, damit Ihre Leser nicht so schnell das Interesse verlieren. Nutzen Sie YouTube oder generell Videos, können Sie bei bestimmten Themen, die Sie genauer besprechen wollen, also viel eher in die Tiefe gehen und das Ganze auch noch anschaulicher machen. Wie bei den Affiliate-

Websites verlinken Sie auf Ihren YouTube-Videos Online-Händler oder die Werbung anderer Dienstleister.

Hierfür ist YouTube natürlich schon längst gerüstet, was die Sache ziemlich einfach macht. Abgesehen von Ihrem Video, welches auf ein Produkt hinweisen kann, schalten Sie also einfache Werbebanner oder ganze Werbesequenzen in Ihr Video. Wie bei vorherigen Methoden sollte Ihnen jedoch klar sein, dass es lange dauern kann, bis Ihr Video-Kanal tatsächlich Geld abwirft. Wir empfehlen daher, ihn zunächst als Zusatzangebot zu nutzen. Der Markt ist hart umkämpft. Gehör verschafft man sich nur mit etwas das aus der Reihe tanzt. Glauben Sie, dass Ihre Zuschauer von Ihrem Video begeistert wären, dann ist es eine Überlegung wert in eine gezielte Platzierung durch YouTube zu investieren, welches Ihr Video dann promotet, so dass es mehr Zuschauer erreicht.

Facebook, Twitter & Co.

Facebook und Twitter lassen sich ebenfalls in Ihre Online-Präsenz einbinden. Sie sind sogar unentbehrlich, weil heutzutage fast jeder auf diesen Plattformen unterwegs ist. Der einfachste Weg Geld zu verdienen, ist es Ihre eigenen Likes oder Retweets zu verkaufen. Das funktioniert vor allem bei Twitter. Je mehr eigene Follower Sie haben, desto mehr wird Ihnen jemand dafür zahlen seinen eigenen Tweet zu verbreiten. SponsoredTweet.com ist eine solche Plattform, auf der Sponsoren und Twitterer zusammenfinden.

Besitzen Sie jedoch noch keine große Fangemeinde auf Ihren Social-Media-Account, können Sie diese für den Ausbau und die Promotion Ihrer Websites und Blogs verwenden. Sogar ohne Homepage lässt sich hier etwas aufbauen. Facebook hat sich darauf bereits eingerichtet. Alles was Sie brauchen ist ein funktionierender Account. Die Idee hinter dem Aufbau Ihres Accounts ist die gleiche, wie bei einer Affiliate-Website. Sie brauchen eine Nische und gutes Content-Material, mit dem Sie Ihre Facebook-Fans unterhalten. Im Gegensatz zu einem Blog ist es nicht nötig, dass Sie ganze Artikel schreiben. Im Prinzip reicht es aus gute Artikel, Bilder, Videos und Links, die bereits vorhanden sind, zu einem Thema zu recherchieren. Stellen Sie sich jemandem vor, der Ihrer Facebook-Seite folgt. Jeden neuen Post, den Sie tätigen, sieht dieser Follower nur als einen von vielen anderen Beiträgen auf seiner Facebook-Pinnwand, während er unentwegt weiter scrollt. Sie müssen also ein prägnantes Bild finden, dass ihn Inne halten lässt und auf Ihre Facebook-Seite aufmerksam macht, in der Hoffnung er möge drauf klicken.

Setzen Sie beim Thema Ihrer Facebook-Seite also auf leichte Unterhaltung. Sicher kennen Sie diese Seiten, die mit lustigen Katzen-Videos Unmengen an Followern gesammelt haben. Genau dieses Thema muss es natürlich nicht sein. Auch wenn Ihr Blog sich mit einem anspruchsvollen Thema beschäftigt, können Sie Ihren Facebook-Post kürzer halten. Um überhaupt gehört und gesehen zu werden, können Sie diverse Facebook-Gruppen für die Verbreitung Ihrer eigenen Website, Facebook-Seite oder Ihres Twitter-Accounts nutzen. Doch Vorsicht! Wie beim Bloggen, fällt plumpes promoten der eigenen Seite und Produkte negativ auf und zwar nicht nur den Usern sondern auch Facebook. Sie werden deshalb schon bald gesperrt werden, wenn Sie zu viele Posts tätigen. Haben Sie es geschafft, dass Ihnen Menschen folgen, können Sie auch Ihre Facebook-Seite oder Ihren Twitter-Account für Affiliate-Marketing nutzen. Das Prinzip ist das gleiche. Melden Sie sich bei einem der vorherigen Partnerprogramme an, sofern Sie noch nicht über einen derartigen Kontakt verfügen und promoten Sie Online-Händler und deren Produkte. Achten Sie jedoch darauf die Posts Ihres Accounts trotzdem noch mit Inhalt zu füllen. Niemand will einfach nur mit Werbung bombardiert werden, wenn er Ihre Facebook-Seite liked. Außerdem sollten die Produkte, die Sie verlinken und für die Sie werben unbedingt auch etwas mit dem Inhalt Ihrer Seite zu tun haben.

Über den Dienstleister RankSider bieten Sie Werbenden direkt einen Platz auf Ihrer Facebook-Seite oder anderen Medien an, auf denen Sie werben können. Das heißt, je nach Absprache veröffentlichen Sie einen Text, ein Bild oder ein Video, in welchem Sie ein Produkt erwähnen und werden dafür bezahlt. Oder Sie bieten einen entsprechenden Link an, der den Leser direkt zum Online-Händler schickt und bekommen hierfür eine Provision. Wie gesagt, rechnet sich diese Art von Affiliate-Marketing aber erst nach einiger Zeit. Fußt Ihre Präsenz nur auf Facebook brauchen Sie mehrere tausend Accounts, die Ihnen folgen. Genauso sieht es bei Twitter oder Instagram aus.

Instagram lohnt sich tatsächlich nur als Zusatzangebot, da die Funktionen doch sehr begrenzt sind, weil es hier vorrangig um die Bilder geht. Sind Sie ein guter Fotograf können Sie Instagram als Portfolio für Ihre Arbeit nutzen. Diese Bilder können dann über Dienste wie Instaprints sogar direkt und als realer Fotodruck an Kunden Versand werden. Ansonsten kann Instagram wie andere Social-Media-Accounts als Werbefläche für Dritte oder für Ihren eigenen Webauftritt genutzt werden. Voraussetzung für Erfolg ist wie immer, die Zahl Ihrer Follower.

Investoren via Crowdfunding

Eine ganz andere Art Online Geld zu verdienen ist Crowdfunding. Mit diesem verdienen Sie jedoch nicht einfach so Geld, sondern Sie lassen andere in Ihr Projekt investieren. Die Investoren tun dies natürlich nicht aus reiner Nächstenliebe, sondern in der Hoffnung, dass Ihr Projekt früher oder später Gewinn abwirft, an welchem sie dann beteiligt sind. Sie müssen Leute von Ihrem Projekt also überzeugen.

Crowdfunding-Plattformen ersetzen so immer mehr die regulären Bankkredite. Sie können durch Crowdfunding also nicht Ihren bloßen Lebensunterhalt bestreiten, sondern Sie brauchen eine Idee und ein Konzept, um Leute für eine Investition zu gewinnen. Diese Investition wird sich in der Zukunft hoffentlich auch für Sie auszahlen und Sie Geld verdienen lassen. Im Prinzip kaufen die Investoren Anteile an Ihrem Projekt, weil sie daran glauben, dass Sie mit dem nötigen Startkapital etwas auf die Beine stellen können. Dieses Projekt kann in der realen oder der virtuellen Welt angesiedelt sein. Sie können mit Crowdfunding Investoren für die Eröffnung eines Restaurants, genauso wie für eine Online-Firma finden.

Andersrum funktioniert das natürlich auch. Wenn Sie selbst Kapital haben, können Sie es in ein Projekt investieren und auf eine gute Rendite hoffen. Je nach Thema empfehlen sich folgende Plattformen: Startnext, Kickstarter oder Indiegogo.

Online-Währungen

Eine andere Möglichkeit mit Investitionen Geld zu verdienen sind Kryptowährungen. Bitcoin ist der prominenteste Vertreter und durch eine geringe Investition wurden nicht wenige tatsächlich reich. Dafür hätten Sie jedoch schon vor einigen Jahren investieren müssen. Bargeldloses Zahlen scheint die Zukunft zu sein und wird unser herkömmliches Geld ablösen. Kryptowährungen wie Bitcoin setzen außerdem auf eine globale Währung. Die Idee dahinter ist einfach.

Man legt ein Online-Konto in der entsprechenden Kryptowährung an, kauft für dieses beispielsweise Bitcoins, gibt diese dann aus oder hortet Sie. Bei vielen Online-Händlern kann bereits mit Bitcoins bezahlt werden. Die Hoffnung derjenigen, die Bitcoins kaufen ist in erster Linie jedoch, dass die Währung an Wert gewinnt. Die Investition ist also relativ riskant, denn ob sich eine solche Online-Währung tatsächlich durchsetzt und falls ja, ob es die Bitcoins sein werden, ist schwer vorauszusagen.

Um das Risiko zu minimieren und nicht das eigene Ersparte zu investieren, können Sie einen Kompromiss eingehen, falls Sie das Affiliate-Marketing nutzen. Etwaige

Zusatzangebote für die eine Bezahlung nötig ist, könnten Ihre Kunden zum Beispiel auch mit Bitcoins kaufen. So können Sie Ihre Bitcoins notfalls immer noch verkaufen, wenn Ihnen der Kurs zu riskant wird oder Sie behalten, wenn die Entwicklung stabil bleibt.

Möglichkeiten für Freelancer

Das Internet bietet auch zahlreiche Möglichkeiten sich als Freelancer zu betätigen. Je nach Qualifikation können Sie sich so ein Neben- oder Haupteinkommen erarbeiten. Wenn Sie zum Beispiel eine Qualifikation als Webdesigner, Programmierer oder im Bereich Marketing haben, können Sie gutes Geld verdienen, dass mit einem Einkommen eines Büro-Jobs gleichzusetzen ist. Der Vorteil ist natürlich, dass Sie sich Ihre Zeit selbst einteilen und von zu Hause aus arbeiten können. Der Nachteil ist Ihre Abhängigkeit von Auftraggebern.

Eventuell werden Sie zum Beispiel nur unregelmäßig gebucht, was eine Planung schwierig macht. Deshalb ist es empfehlenswert, Ihren Büro-Job nicht gleich zu kündigen, sondern sich erst nebenberuflich mit dem Freelancing etwas zu verdienen und sich auszuprobieren. Das gilt natürlich auch für alle vorherigen Möglichkeiten, die wir in Buch behandelt haben. Überstürzen Sie nichts! Kostenpflichtige Online-Plattformen, die Auftraggeber und Freelancer vermitteln, gibt es einige. Zum Beispiel: Freelancer, Upwork, Twago oder Gulp.

Mit Ebooks online Geld verdienen

Eine weitere sehr gute Möglichkeit sich ein eigenes Online Business aufzubauen, mit dem man regelmäßig wiederkehrendes passives Einkommen generieren kann, sind Ebooks.

Keine Sorge, Sie müssen diese Bücher nicht unbedingt selbst schreiben und es ist einfacher als Sie denken sich damit relativ schnell ein stabiles Online Geschäft aufzubauen.

Wie das im Einzelnen funktioniert werden Sie in den folgenden Kapiteln erfahren.

Was ist ein Ebook (Non-Fiction Ratgeber, Rezeptbücher..)

Der Markt für Ebooks wächst zunehmend. Mittlerweile gibt es sogar Gebrauchsanweisungen und Fachliteratur aufgrund ihrer Suchfunktion und des einfachen Anlegens von Notizen und Lesezeichen in elektronischer Form. Doch auch Klassiker der Weltliteratur erscheinen inzwischen als elektronisches Buch. Mittlerweile kannst du alle möglichen Bestseller völlig legal über das Internet downloaden und lesen. Doch was genau ist ein Ebook und was macht dieses so besonders? Das Wort Ebook ist aus dem Englischen abgeleitet und bedeutet elektronisches Buch (electronic book). Das bedeutet, ein Ebook beschreibt einen Buchinhalt, der digital gespeichert ist. Zum Lesen der Ebooks gibt es ein eigenständiges Lesegerät - den sogenannten Ebook-Reader. Du kannst aber die elektronischen Bücher genauso gut über Smartphone, Tablet oder Computer lesen.

Wie bekommen Sie ein Ebook zum Lesen?

1. Download

Wer sich für Ebooks interessiert, wählt einen der zahlreichen Anbieter / Shops, sucht sich ein Buch aus und beginnt es herunterzuladen. Sie können die Lesewerke ganz einfach direkt aus dem Ebook-Reader Shop bestellen. Dort sind meist auch die momentanen Bestseller und kostengünstige Angebote zu finden.

2. Bezahlung

Haben Sie Ihre Wunschlektüre ausgesucht und heruntergeladen, geht es anschließend ans Bezahlen. Als Zahlungsmodalität bieten die Anbieter meist die üblichen Zahlungsarten an. Dazu zählen Überweisung, Kreditkarte, PayPal, Sofortüberweisung oder Lastschrift. Vielleicht haben Sie aber auch Glück und Ihr ausgewähltes Buch ist kostenlos, dann entfällt der Zahlvorgang selbstverständlich.

3. Auf Lesegerät laden

Die meisten Ebooks werden automatisch über WLAN auf das Lesegerät kopiert. Haben Sie zum Zeitpunkt des Downloads kein WLAN zur Verfügung, können Sie Ihr Buch auch per USB-Kabel auf das Gerät übertragen. Bei einigen Modellen funktioniert das Ganze sogar über das Mobilfunknetz.

4. Viel Spaß beim Schmökern

Wenn Sie Ihre favorisierte Lektüre auf dem Lesegerät gespeichert haben, können Sie nun mit dem Lesen beginnen.

Aber Ebooks sind nicht nur zum Lesen da, sie haben noch viele weitere Eigenschaften:

•**vorlesen lassen**
Es gibt bestimmte Ebook-Reader, die Ihnen ihr elektronisches Buch vorlesen, sodass Sie die Hände für anderweitige Sachen frei haben.

•**zurückgeben**
Du hast aus Versehen das falsche Buch gekauft? Das ist überhaupt kein Problem! In einigen Ebook-Shops kannst du es innerhalb

von zwei Wochen zurückgeben.

•verschenken
In einigen Onlineshops können Sie Bücher nicht nur in gedruckter Form, sondern auch in elektronischer Form verschenken. Bei Onlineshops, die dies noch nicht anbieten, können Sie aber einen Gutschein für den Kauf von Ebooks erwerben.

•verwalten
Auch Ebooks können in „ein Bücherregal einsortiert" werden. Die meisten Lesegeräte bieten die Funktion der Sortierung. Des Weiteren haben Sie sogar die Möglichkeit, eigene Ordner anzulegen.

•ausleihen
Außerdem haben Sie die Option, Ebooks auszuleihen. Diese Variante ist oftmals kostengünstiger als der reine Buchkauf.

•verleihen
In den nächsten Jahren soll es die Funktion geben, Bücher seinen Freunden auszuleihen. Die genaue Umsetzung wird noch getestet.

•updaten

Haben Sie ein Buch gekauft und zwischenzeitlich wird es geändert, können Sie die aktuelle Version kostenlos downloaden.

•löschen

Wer keinen Überblick mehr über seine Bücher hat oder sie bereits durchgelesen hat, kann diese ganz einfach löschen. Doch was passiert, wenn Sie ein Buch versehentlich gelöscht haben? Das ist nicht schlimm, oft können Sie den Lesestoff noch einmal kostenlos vom Anbieter, bei dem Sie es gekauft haben, herunterladen.

Vorteile von Ebooks

Elektronische Bücher bieten eine Menge Vorteile gegenüber gedruckten Büchern: Es gibt Tausende von angebotenen Büchern, ohne auf die Bestellung warten zu müssen. Es existieren sogar viele kostenlose Ebooks, darunter sind auch große Klassiker der Weltliteratur zu finden. Des Weiteren brauchen Sie keine Brille mehr zum Lesen. Schließlich besteht die Möglichkeit, auf dem jeweiligen Lesegerät die Schriftgröße zu ändern und Ihnen somit bequemes Lesen zu ermöglichen. Ebooks sind im Kauf oft kostengünstiger als Bücher. Im Durchschnitt macht dies meist 20% Ersparnis aus.

Außerdem braucht ein Ebook ganz wenig Platz, das heißt ein platzraubendes Bücherregal ist nicht nötig. Somit sparen Sie wieder…Platz und Geld. Sie können sich die Bücher bequem vom Sofa aus kaufen und müssen nicht in einen Buchladen gehen oder warten, bis das Buch per Post gesendet wird.

Egal, wie viele Bücher Sie unterwegs lesen möchten, ein Ebook-Reader ist viel leichter als die meisten Bücher, sodass jedes Buch leicht transportiert werden kann, selbst wenn Sie 100 Bücher dabei haben wollen.

Sollten Sie einmal in den Genuss kommen, fremdsprachige Literatur zu lesen, haben Sie den Vorteil, schnell nach Übersetzungen oder Wortbedeutungen nachschlagen zu

können. Genauso schnell finden Sie bestimmte Buchseiten wieder, da die eingebaute Suchfunktion sehr nützlich ist.

Für Naturschützer ist wichtig zu wissen, dass bei der Herstellung von Ebooks kein Baum gefällt werden muss.
Von Vorteil ist außerdem, dass Ebooks immer aktuell sind. Oftmals gibt es nach Veröffentlichung eines Buches noch Änderungen, die anhand eines Updates ganz einfach umgeschrieben werden.

Nachteile von Ebooks

Ein großer Nachteil der Ebooks ist, wenn Sie ein elektronisches Buch kaufen, Sie lediglich die Rechte erhalten das Buch zu benutzen und zu lesen. Allerdings gehört es Ihnen nicht direkt. Besitzen, weiterverkaufen oder weiterverschenken lassen sich Ebooks nur begrenzt. Verstößt man gegen die Richtlinien der Online-Anbieter, können einzelne Titel oder sogar ganze Büchersammlungen gelöscht werden.

Außerdem ist in der heutigen Zeit das Thema Datenschutz mit Vorsicht zu genießen. Natürlich sammelt und speichert ein E-Reader Ihre Daten. Und trotzdem haben Sie als Leser wenig Zugang zu Ihren eigenen Daten.

Der Reader braucht Energie. Leider können Sie keine Batterien nutzen, die es überall zu kaufen gibt. Sie benötigen eine Stromquelle oder einen Akku, um Ihr Gerät

am Laufen zu halten und den Lesestoff optimal nutzen zu können.

E-Reader und somit auch die Ebooks sind außerdem mehr wert als herkömmliche Bücher. Das bedeutet einen größeren Verlust, falls sie abhandenkommen. Außerdem sind nicht alle Lesegeräte gegen Nässe oder Feuchtigkeit geschützt. Schnell können wichtige Daten verloren gehen.

In den letzten Jahren wurde immer deutlicher, dass viele Leser sich Ebooks zulegen. Wohin die Reise noch geht und ob sich das Ebook noch weiter etabliert, werden wir in nächster Zeit sehen. Da auch die traditionellen, gedruckten Bücher nach wie vor ihren Reiz haben und deren Anhänger ihre Vorteile zu schätzen wissen, wird sich zeigen, wie sich die elektronische Lektüre weiterentwickelt. Trotzdem werden die Ebooks durch die einfache Handhabung, die große Speicherkapazität der Lesegeräte und die vielen funktionalen Möglichkeiten als Alternative zur gedruckten Ausgabe, immer populärer.

Wie Sie selbst ein Ebook schreiben

Ein Ebook selber zu schreiben ist mit viel harter Arbeit verbunden, vor allem, wenn es sich dabei um Ihr erstes Ebook handelt.

Im Folgenden möchte ich Ihnen Schritt für Schritt zeigen, wie auch Sie Ihr eigenes Ebook schreiben können. Ziel soll es sein, dass Sie ein Ebook mit Mehrwert für die Leser verfassen. Die Länge spielt eine untergeordnete Rolle. Die wichtigste Grundvoraussetzung ist die Leidenschaft am Thema.

Als erstes müssen Sie Ihr Ziel festlegen. Es ist wichtig, dass Sie wissen, wohin Sie mit Ihrem Ebook kommen möchten und wann Sie ankommen wollen. Setzen Sie ein fixes Datum, eine Deadline. Wenn Sie diese nicht haben, besteht die Gefahr des Aufschiebens. Planen Sie das Datum nicht zu früh, damit Sie nicht unter Zeitdruck geraten.

Anschließend haben Sie die Aufgabe, Ihre Zielgruppe auszuwählen.
Dabei gibt es drei Wege:

1. **Beseitigen Sie ein Problem der Zielgruppe:**
   spezialisieren Sie sich dabei auf ein kleines und spezifisches Problem.

2. **Besiegen Sie eine Angst:**
   Es ist menschlich, Angst zu haben, zugeben möchte seine Ängste aber kaum jemand. Vielleicht können Sie ja

den Betroffenen helfen.

3. **Neugierde befriedigen:**
   Die Neugierde zählt zu den stärksten
   menschlichen Trieben.

Sofern möglich, versuchen Sie zwei oder alle
drei Wege zu verbinden.
Beispielsweise: „Wie ich innerhalb von drei
Jahren ein Online-Unternehmen erschaffen
habe (und wie du das ebenfalls schaffen
kannst). Damit würden Sie sowohl ein
Problem lösen als auch die Neugierde
befriedigen.

Wählen Sie im nächsten Schritt Ihr Thema
aus. Der Keyword Planer kann dabei helfen,
ein Thema zu finden, das über Google häufig
gesucht wird.

Testen Sie dann Ihr Ebook, indem Sie eine
Landing Page erstellen. Schreiben Sie hier
über Ihr Anliegen, dass Ihr neues Ebook bald
erhältlich sein wird. Dort können
Interessenten ihre Email-Adresse hinterlassen
und erhalten frühzeitig Informationen über das
Werk. So erfahren Sie, ob überhaupt

Interesse besteht. Generieren Sie dann Traffic auf dieser Landing Page, indem Sie sie via Blogs, Social Media, E-Mail, AdWords usw. erwähnen.

Möchten Sie ein E-Book verkaufen, sollten Sie auch eine Vorbestellung über PayPal anbieten. Lässt der Besucher nämlich sein Geld, das er schwer verdient hat, da, dann wissen Sie sicher, dass er Interesse hat. Durch das Testen können Sie das Risiko vermeiden, dass Ihr Ebook floppt.

Als nächstes geht es an die Recherche. Jeder Autor muss recherchieren, obwohl dieser Punkt gerne vernachlässigt wird. Mit ihr gelingt aber eine bessere Qualität und sie bieten ein besseres Produkt an, da es nicht nur Ihr eigenes Wissen, sondern auch das von anderen Menschen, beinhaltet.

Erstellen Sie anschließend ein Inhaltsverzeichnis, das den Aufbau Ihres Ebooks darlegt. Es dient als Landkarte und zeigt den Weg, wohin Sie mit Ihrem Thema gehen wollen.

Im nächsten Schritt geht es an das Schreiben. Der Aufbau besteht bereits. Jetzt müssen Sie

die einzelnen Kapitel nur noch mit Inhalten
füllen. Schreiben Sie zunächst einfach drauf
los, um Ihre Gedanken zu verschriftlichen.
Dies nimmt einige Zeit in Anspruch.
Verwenden Sie als Schreibprogramm
Microsoft Word, Google Docs oder Open
Office.

Folgende Tipps können Ihnen beim Schreiben
helfen:

- **Schreiben Sie zur produktivsten Zeit**
  Schreiben Sie zu dem Zeitpunkt des
  Tages, an dem Ihre Gedanken am
  klarsten sind. Bei jedem Menschen ist
  das unterschiedlich. Einige arbeiten
  morgens am produktivsten, andere
  nachmittags und wieder andere
  abends.

- **Sorgen Sie für Ablenkungsfreiheit**
  Achten Sie darauf, dass Sie nichts und
  niemand vom Schreiben ablenkt.

- **Unterbrechen Sie das Schreiben
  nicht**
  Schreiben Sie ohne Unterbrechungen,
  dann haben Sie die höchste
  Produktivität. Nach Bildern oder Links

können Sie auch danach noch suchen.

- **Ohne Editieren schreiben**
Vernachlässigen Sie beim Schreiben
Rechtschreibung und Grammatik. Sie
können das am Ende noch überprüfen.

- **Verwenden Sie die** Pomodoro-Technik
beim Schreiben
Stelle Sie Ihren Wecker auf 30
Minuten. Arbeiten Sie nur solange.
Dann machen Sie eine kleine Pause
und nutzen diese so, dass Sie
aufstehen, sich dehnen und strecken.
Gehen Sie auch ein wenig an die
frische Luft. Dann schreiben Sie wieder
30 Minuten weiter.

- **Persönlicher Schreibstil**
Adressieren Sie Ihr Ebook an Ihren
Leser, da Sie ja ihn erreichen möchten.
Verwenden Sie dabei die Wörter: ich,
du, mich, dich, dein sowie mein. Bauen
Sie gerne auch Metaphern und
Sprüche in Ihren Text ein. Achten Sie
unbedingt darauf, die Unterhaltung mit
dem Leser so lebhaft wie möglich zu
gestalten, damit Ihr Ebook nicht

langweilig wirkt.

- **Klare Schreibweise**
  Verwenden Sie einfache und klare
  Sätze. Ihr Leser wird sie gut verstehen.
  Verzichten Sie auf einen Jargon.

Anschließend müssen Sie Ihr Ebook polieren.
Lesen Sie sich Ihr Ebook noch einmal durch
und
achten Sie dabei auf folgende Fragen:

- Wurde ein Thema öfter angesprochen?
- Gibt es Informationen, die noch fehlen?
- Kann ich eine Verbesserung der
  Struktur erzielen?

Korrigieren Sie dann Ihr Ebook das erste Mal.
Lesen Sie Ihren Text laut vor. Auf diese
Weise erkennen Sie, ob der Text persönlich,
lebendig, flüssig und unterhaltsam ist.
Kümmern Sie sich nun um die Bilder und
Links. Beachten Sie hierbei unbedingt die
Lizenzbestimmungen.

Danach wird das Layout gestaltet.
Beachten Sie hierbei folgende Punkte:

- Verwenden Sie eine lesbare Schriftgröße (12-14px)
- Nehmen Sie eine einfache Schriftart (Times New Roman oder Arial)
- Wählen Sie ein bis zwei Farben aus, die Ihnen gefallen
- Setzen Sie ausreichend lockere Abstände
- Verwenden Sie genug Absätze
- Verwenden Sie unnummerierte und nummerierte Listen im Wechsel

Versehen Sie Ihren Text mit einem Vorwort, einer Gliederung, einem Text über den Autor sowie einem Cover. Das Cover können Sie entweder selber erstellen oder durch einen Anbieter wie Ebozon oder über machdudas.de gestalten lassen.

Danach ist es Zeit, Ihren finalen Entwurf zu erstellen.
Gehen Sie dabei folgende Fragen durch:

- Bietet mein Ebook anderen Menschen Hilfe?
- Spricht es die gewählte Zielgruppe an?
- Habe ich mein Thema gut ausgewählt?
- Wurde ein Thema öfter angesprochen?
- Gibt es noch fehlende Informationen?

- Ist die Struktur noch verbesserungswürdig?
- Stimmt die Grammatik?
- Passt die Rechtschreibung?
- Habe ich irgendwo Wörter oder Buchstaben ausgelassen?
- Ist das Layout zu meiner Zufriedenheit gestaltet?
- Finde ich das Ebook gut?

Können Sie diese Fragen mit ja beantworten? Dann haben Sie Ihr Ziel erreicht. Wenn Sie Lust haben, können Sie auch einen Lektor für die Korrektur beauftragen. Wandeln Sie dann das Dokument in PDF oder ePub um.

Gratuliere, Ihr Werk ist fertig und Sie sind endlich stolzer Autor eines E-Books!

Ob Sie ein kostenloses Ebook anbieten oder ein kostenpflichtiges, die Regeln sind dieselben.

Wo finden Sie das Wissen für die Themen?

Wenn Sie ein eigenes Ebook schreiben wollen, brauchen Sie zunächst ein Thema. Das erstbeste Thema zu wählen, das Ihnen einfällt, ist keine gute Idee, denn der Erfolg ist ausschlaggebend vom Thema. Wenn Sie sofort die erstbeste Idee nehmen, verschenken Sie einiges an wertvollem Potential, denn nur weil SIE das Thema lieben, heißt es noch lange nicht, dass Leser das genauso tun. Die Folge daraus ist, dass Ihr Ebook nicht gelesen wird und Sie umsonst viel Energie und Zeit in das Projekt investieren.
Tragen Sie deshalb so viele Themen zusammen wie möglich. Je mehr Ideen Sie haben, umso besser. In diesem Abschnitt wollen wir Ihnen zeigen, wie Sie am besten ein Thema und anschließend das dazugehörige Wissen für die Themen finden.

Damit Sie ein geeignetes Thema finden, können Sie folgendes machen:

- **Brainstorming**
  Schreiben Sie alles auf, das Ihnen

spontan an möglichen Themen einfällt.
Ziehen Sie gerne als Hilfe einen Freund
oder ein Familienmitglied zu Rate.

- **Fragen**
Achten Sie auf Fragen von Besuchern,
Internetusern oder in Foren.

Sie können gute Ideen für Ihr Ebook
liefern. Wo offene Fragen existieren,
werden nämlich Antworten gebraucht.

- **Probleme**
Probleme anderer Menschen gelten als
„Goldgrube" für Ebook Themen.
Betroffene haben Interesse an einer
Lösung und zahlen dafür auch gerne
Geld.

- **Wünsche**
Eine ebenso gute Quelle für Ihr Thema
sind Wünsche.

- **Trends**
Aktuelle Trends und Entwicklungen
stellen auch eine gute Basis für Ebook-

Themen dar.

- **Interesse**
  Vernachlässigen Sie auf keinen Fall
  Ihre eigenen Interessen. Daraus kann
  sich auch ein Thema ergeben.

- **Erfahrungen/ Geschichte**
  Ihre eigenen Erfahrungen eignen sich
  besonders gut für ein Ebook, weil Sie
  hierbei Ihre individuelle Geschichte
  erzählen können.

Im ersten Schritt sollten Sie also viele Ebook-
Ideen sammeln.
Machen Sie nicht den Fehler, der vielen
Anfängern gerne unterläuft: Ein Mangel an
Spezialisierung.
Viele haben Angst, zu wenige Interessenten
zu finden und schreiben daher lieber über
einen größeren Themenbereich. In der Folge
erreichen sie niemanden wirklich, weil die
Informationen allgemein bleiben und nichts
Besonderes geliefert wird. Entscheiden Sie
sich daher für speziellere Themen. Im
Folgenden finden Sie einige gut versus
schlecht *Beispiele:*

Schlecht: Mit einer Webseite Geld
verdienen
Gut: Mit Affiliate-Links Geld verdienen

Schlecht: Urlaubstipps für den Winter
Gut: Perfekter Urlaub mit Kindern in
Berlin

Schlecht: Tipps zum Abnehmen
Gut: Tipps zum Abnehmen mit
Fruchtshakes
für Büroangestellte

In der Folge wird die Zielgruppe zwar kleiner, dennoch wird diese häufig besser erreicht und Ihr Ebook ist im Vergleich zu jenen der Konkurrenz etwas Besonderes.

Ist das Thema festgelegt, geht es an die Arbeit, das Wissen darüber zu recherchieren. Hierbei können Sie sich verschiedener Mittel bedienen.
Diese sind:

- **Bibliotheken**
  Nutzen Sie Bibliothekskataloge, damit
  Sie Buchtitel zu Ihrer Idee finden. Sie
  können diese dann in Ihrer Bibliothek
  ausleihen.
  Beispiele sind: Katalog des
  Gemeinsamen Bibliothekverbundes,
  Deutsche National Bibliothek und
  Worldcat. Der Vorteil hiervon, ist der
  gleiche wie bei Zeitschriften, nämlich
  dass es sich um sichere Quellen
  handelt. Der Nachteil liegt darin, dass
  die Suche einige Zeit in Anspruch
  nimmt und Sie vorher nicht wissen, ob
  das Buch auch die Informationen
  enthält, die Sie suchen.

- **Zeitschriften**
  Hier finden Sie Tagungsberichte,
  Aufsätze sowie Artikel zu allen
  möglichen Themen. Zugang zu mehr
  als 55.000 Online-Zeitschriften aus
  diversen Fachgebieten bietet die
  Elektronische Zeitschriftenbibliothek
  (EZB). Einige von ihnen kann man
  online gratis lesen. Viele dieser Artikel
  können Sie auch über Ihre Bibliothek
  finden. Der Vorteil besteht hierbei

darin, dass die Informationen und Studien meist aktueller sind, als jene in Büchern.

- **Internet**
  Verwenden Sie bei der Online-Recherche immer das Feld „Erweiterte Suche". So erreichen Sie eine Eingrenzung der Ergebnisse. Google bringt nur 10% der Internet-Inhalte. Neben *Google* gibt es viele weitere Suchmaschinen mit jeweils unterschiedlichen Vor- und Nachteilen. Wenn Sie Informationen auf akademischem Niveau finden wollen, suchen Sie am besten über *Google Scholar*.
  Ebenso bietet **WorldWideScience.org** die Möglichkeit, wissenschaftliche Texte zu finden. Dabei werden auch spezielle Datenbanken, Papers sowie Multimedia-Dateien durchsucht.

Möchten Sie Bücher im Volltext finden, nutzen Sie am besten *Google Books*. *Yippy* liefert dir Ergebnisse sortiert nach Themenblöcken. *MetaGer* ist eine Meta-Suchmaschine. Hier können

Sie den Datenbestand vieler weiterer Suchmaschinen erforschen. Sie können dabei selbst auswählen, welche Quellen durchsucht werden sollen.

Buzzsumo sorgt dafür, dass Sie herausfinden, welche Themen häufig bei Facebook, Twitter und anderen sozialen Netzwerken geteilt werden.

Der Vorteil der Recherche im Internet liegt in der Geschwindigkeit, mit der Informationen abgerufen werden können, sowie darin, dass Sie sehr viele Informationen finden.

Der Nachteil besteht darin, dass Internetquellen häufig nicht so vertrauenswürdig sind. Weiter haben Sie hier die Aufgabe, zu selektieren, welche Informationen wichtig und welche unwichtig sind.

- **Interviews**
  Gut geeignet für Ihr Thema sind sicherlich auch Informationen von Experten, beispielsweise Ärzten,

Polizisten, Historikern etc. Sammeln
Sie hierfür zunächst deren
Kontaktdaten. Sie können sie zu Ihrem
Thema befragen.

Wollen Sie die Lebensqualität von
Menschen in Ihrem Ort erfassen, dann
bietet es sich an auch Ihre Nachbarn
um ein Interview bitten. Verwenden Sie
hierfür einen selbst erstellten
Fragenkatalog. Nehmen Sie das
Interview auf und transkribieren Sie
dieses anschließend, damit Sie alle
Informationen schriftlich vor sich
haben.

- **Alternative Optionen**
  Gehen Sie mit Ihrem Fotoapparat auf
  Reisen. Machen Sie sich am besten Ihr
  eigenes Bild, um Ortsgefühle besser zu
  erfassen.
  Beantworten Sie dann folgende
  Fragen: Wie riecht es an diesem Ort?
  Wie sieht der Ort aus? Welches Gefühl
  vermittelt die dort vorherrschende
  Atmosphäre?
  Beschreiben Sie die Schauplätze, die
  sich dort befinden und vermitteln Sie

Ihrem Leser das entsprechende Gefühl.

Welche Art von Informationen Sie auch verwenden, vertrauen Sie bitte dem Internet nicht blind. Bleiben Sie stets kritisch und hinterfragen Sie, ob die Informationen der Wahrheit entsprechen. Achten Sie darauf, ob mehrere Quellen dieselben Informationen geben, dann ist die Wahrscheinlichkeit der Wahrheit höher. Nutzen Sie am besten immer Fachliteratur anstatt eigene Meinungen aus Foren, Blogs und Chats.

Als allgemeinen Ratschlag wollen wir Ihnen mit auf den Weg geben, dass Sie kritisch bleiben sollen. Rankt eine Seite bei Google gut, oder hat diese eine seriöse Top Level Domain, bedeutet das noch nicht automatisch, dass die Seite seriöse Informationen liefert. Googlen Sie beispielsweise den Namen eines wichtigen Bürgerrechtlers und klicken auf eine der zehn ersten Google-Ergebnisse, dann landen Sie auf einer .org Seite. Obwohl Sie davon ausgehen könnten, dass es sich dort um seriöse Informationen handelt, verrät das Impressum, dass der Inhaber der Webseite zu

einer rassistischen Organisation gehört.
Bleiben Sie daher unbedingt stets kritisch.

Wo können Sie Ebooks vermarkten?

Die Herstellung von Büchern war noch nie so
einfach wie heute, allerdings ist die Werbung
für diese umso schwieriger. Es gibt viel
Aufregung bezüglich Online- und Offline-
Medien und der Versuch, Aufmerksamkeit zu
erregen, stellt sicherlich eine Herausforderung
dar. Die Veröffentlichung eines Ebooks ist ein
Traum, der für jeden Autor wahr werden kann.
Wenn Sie Ihr Buch endlich fertig haben, dann
nehmen Sie sich bitte etwas Zeit zum Feiern.

Denken Sie aber daran, dass es noch mehr
Arbeit zu erledigen gibt: Die Vermarktung.
Um Ihr Ebook möglichst publik zu machen,
brauchen Sie etwas Geduld, einen Plan und
einige kreative Ideen.

Hier sind neun Ideen, die Ihnen den Einstieg
erleichtern:

1. Bringen Sie Ihr digitales Erscheinungsbild in Ordnung

Bevor Sie damit anfangen, Ihr Buch zu bewerben, stellen Sie sicher, dass Sie eine Website und einen Blog sowie einige Social-Media-Profile haben. Facebook und Twitter sind am beliebtesten, aber für einige Bücher kann LinkedIn oder Pinterest besser passen. Stellen Sie sicher, dass Sie jeden Tag eine gewisse Zeit einplanen, um mit Menschen in Kontakt zu treten. Sie müssen eine gewisse Investition in Ihre Karriere und Ihre Marke tätigen. Heutzutage bedeutet diese Investition, das ganze Jahr über eine digitale Marketingstrategie zu haben.

2. Blog

Ich weiß, dass bloggen viel Zeit in Anspruch nimmt und die meisten der Kunden fragen sich, warum sie es tun sollten. Der erste Grund ist, dass es das Besucheraufkommen auf Ihrer Website erhöht.

Der zweite ist, dass, wenn Leser Ihren Blog lesen, sie Sie als einen Experten auf Ihrem Gebiet sehen oder dass Ihre Arbeit unterhaltsam ist. Sobald Vertrauen bzw. Interesse hergestellt ist, werden die Leser mehr Inhalte von Ihnen erwarten - vor allem, wenn sie den Wert sehen, den Sie kostenlos anbieten.

3. Vergeben Sie einen Erscheinungstermin

Viele Autoren und Unternehmen, die ein Ebook veröffentlichen, betrachten den Tag, an dem das Buch auf Buchhändlerseiten veröffentlicht wird, als Veröffentlichungsdatum.
Dies ist keine gute Idee, da dies für einen frustrierenden Start sorgen wird. Sie werden anfangen, nach Downloads zu suchen, bevor Sie überhaupt viel Werbung gemacht haben.
Um Ihrem Buch den besten Start zu geben, müssen Sie einen Veröffentlichungstermin nennen, der sechs bis acht Wochen <u>nach</u> dem Verkaufsstart des Buches liegt.

4. Rezensionen sind unerlässlich

Um Rezensionen von Online- (Blogs/Websites) und Offline-Medien (Zeitungen/Magazine) zu sichern, müssen Sie ihnen "Rezensionsexemplare" schicken.
Bei Ebooks können Sie diesen PDFs Ihres Buches schicken oder ihnen Promo-Codes geben, die von einigen Buchhändlern zur Verfügung gestellt werden.

5. Kostenlos verschenken

Um die Leser anzuziehen, sollten Sie eventuell darüber nachdenken, einen Auszug aus Ihrem Buch zu verschenken. Je nach Inhalt Ihres Ebooks können Sie auch eine Ratgeberliste, ein lustiges Quiz oder eine überzeugende Lösungsstrategie verschenken. Indem Sie etwas kostenlos verschenken, zeigen Sie den Wert Ihrer Inhalte.
Fügen Sie Ihrem kostenlosen Kapitel oder Inhalt einige Empfehlungen hinzu, um die Leute zum Kauf des gesamten Ebooks zu motivieren. Stellen Sie sicher, dass der kostenlose Inhalt, den Sie anbieten, einen Wert an sich hat und nicht nur eine Zusammenfassung dessen ist, worum es in Ihrem Ebook geht. Die Wertschöpfung macht die Kaufentscheidung leichter verständlich.

6. Begeisterung erzeugen

Schaffen Sie etwas Begeisterung für Ihr Ebook, indem Sie in ihrem sozialen Netzwerk darüber sprechen. Zu lernen, wie Sie Ihre Marke aufbauen, das Engagement steigern und bei Pinterest, Facebook, Twitter und LinkedIn aktiv zu sein, wird ein wichtiger Aspekt bei der Vermarktung Ihres Ebooks sein. Sprechen Sie einige Wochen, bevor Sie

Ihr Ebook veröffentlichen, darüber, was das Besondere daran ist und lassen Sie die Leute wissen, dass Sie eine offizielle Ebook Launch Party veranstalten werden, bei der Sie etwas Besonderes anbieten werden, wie einzigartige Inhalte, vielleicht einen Geschenkkorb oder persönlich signierte Kopien. Es ist eine Möglichkeit, die Menschen in Ihrem Netzwerk zu begeistern. Denke Sie nur daran, keine 24/7 Promo-Maschine zu sein!

7. Ein Video erstellen

Die Leute lieben YouTube. Und die Menschen lieben es, die Autoren hinter den großartigen Inhalten zu kennen.
Machen Sie ein kurzes Video, um vor der Kamera über die Möglichkeiten zu sprechen, wie Ihr Ebook anderen Menschen helfen kann. Sprechen Sie über die Vorteile

Ihres Ebooks in Ihrem Video und zeigen Sie dann am Ende Ihres Videos einen Link zu Ihrem Ebook. Teilen Sie Ihr Video auf Ihrem YouTube-Kanal, mit einem Beitrag auf Facebook, LinkedIn und twittern Sie den Link. Sie können Ihr Video durchaus wiederholt als Marketinginstrument verwenden, indem Sie die Inhalte, welche Sie zusammen mit der Video-URL veröffentlichen, ändern.

8. Popup-Fenster anklicken

Website-Popups können verwendet werden, um alle Arten von Inhalten auf Ihrer Website und Ihren Blog zu fördern, einschließlich Ebooks. Sie haben die Möglichkeit Exit-Popups zu verwenden, um potenzielle Interessenten auf ihrem Weg nach draußen zu erfassen, Eingangs-Popups, um sie bei ihrer Ankunft zu ergreifen, oder ein Scroll- oder zeitgesteuertes Popup, während sie die Seite durchsuchen und nach unten lesen. Jedes dieser Popups ist eine großartige Promotion-Technik, aber unser Lieblings-Popup für Ebooks ist das Klick-Popup. Ein Klick-Popup wird aktiviert, wenn ein Besucher auf einen bestimmten Link, ein Bild oder ein Wort klickt. Platzieren Sie Klick-Popups oben oder unten in Ihren Blog-Artikeln, in der Seitenleiste Ihres Blogs und auf verschiedenen Seiten Ihrer Website.

9. Gastbeiträge

Das Schreiben von Inhalten und das Erbringen von Beiträgen in anderen Blogs sind eine weitere großartige, wenn auch allgemein unzureichend genutzte Möglichkeit, um Ihr Ebook zu bewerben. Viele Menschen erkennen nicht

die Chance, ihren Namen bzw. ihre Marke als Gastposter im Internet zu verbreiten.

Erreichen Sie andere Blogs oder Websites, deren Zielgruppe Ihrem Zielmarkt entspricht. Um Ihr Ebook zu fördern, wählen Sie ein Blog-Thema ähnlicher Art. Innerhalb Ihres Artikels, in der Zusammenfassung oder in Ihrer Autorenbiografie können Sie vorschlagen, dass Leser mehr über das Thema erfahren, indem sie Ihr Ebook herunterladen und lesen.

Die Vermarktung von Büchern ist heutzutage keine leichte Aufgabe. Es braucht Zeit, Fachwissen, Kreativität, Flexibilität und Geduld. Die Faustregel ist, dass Sie planen sollten, Ihr Buch so lange zu bewerben, wie Sie gebraucht haben, um es zu schreiben. Nicht alle Ideen werden für Sie funktionieren und nicht alles Genannte wird Umsätze generieren, aber wenn Sie sich an eine langfristige Strategie halten, werden Sie eine Beziehung zu Ihren Lesern aufbauen, die wichtiger als alles andere ist.

Profitable Nischen

Sie möchten mit dem Schreiben von Ebooks Geld verdienen? Dann will ich Ihnen nun zeigen, wie Sie profitable Nischen für Ihr Ebook finden und ein passives Einkommen generieren. Erhöhen Sie die Verkaufswahrscheinlichkeit, indem Sie die Weichen richtig stellen. Dazu gehört das Finden einer lukrativen Nische.

Bestsellerlisten anschauen

Bestimmt gibt es Themen, für die Sie sich besonders interessieren. Welchen Beruf haben Sie gelernt? Was sind Ihre Hobbys? Oder gibt es wichtige Themen, mit denen Sie durch Ihren Partner, Ihre Kinder oder sonstige Menschen in Ihrem Umfeld konfrontiert wurden?

Es ist unbedingt notwendig, dass Sie sich mit Ihrer Thematik wohlfühlen, denn Sie werden sich einige Zeit lang mit ihr auseinandersetzen. Müsste ich ein Ebook über Chemie, Physik oder Mathematik schreiben, verginge mir wahrscheinlich schon nach zwei Tagen die Lust am

Weiterschreiben.

Um eine profitable Nische zu finden, schauen Sie sich am besten die Bestsellerlisten an. Gibt es dort Themen, die Sie auf Anhieb interessieren? Stöbern Sie bei den Verkaufsschlagern oder nehmen Sie eine Beschränkung von unterschiedlichen Rubriken vor.

Allgemein beliebt sind Ebooks zu den Themen Diät, mehr Geld, Beziehung und Gesundheit. Wenn Sie sich dafür entscheiden, hierzu ein Ebook zu schreiben, führen Sie die Lösung eines Problems von Ihren Lesern herbei. Orientieren Sie sich an folgender Aussage: Je mehr Leidensdruck Betroffene haben, umso größer ist die Wahrscheinlichkeit, dass sie Ihr Buch lesen, um damit die Lösung ihres Problems zu bekommen. Suchen Sie dann beispielsweise bei Amazon über die Suchmaske nach einem Begriff. Der Shop zeigt Ihnen dann Keyword-Kombinationen an.
Mit Long-Tail-Keywords steigt Ihre Chance, eine Nische zu finden, die noch unbesetzt ist. Testen Sie einige und schauen Sie, welche Menge an Ebooks Sie angezeigt bekommen. Erscheint zum Beispiel ein Ratgeber zum

Thema Yoga in den Top 100, dann durchsuchen Sie den Shop nach ähnlichen Keywörtern, denn das Thema scheint interessant zu sein. Suchen Sie beispielsweise nach Entspannungsübungen oder Mediation. Konnten Sie eine Nische ausfindig machen, dann finde Sie heraus, ob es sich lohnt, das Ebook zu schreiben. Im Folgenden zeigen wir ein Beispiel, wie Sie vergleichen können:

Stellen Sie sich vor, Sie sind Krankenschwester und möchten ein Ebook über eine Krankheit verfassen. Zum Beispiel wollen Sie über die Grippe schreiben, da viele Menschen mehrmals im Jahr davon betroffen sind.
Recherchieren Sie in der Rubrik Kindle den Begriff Gruppe, erscheinen 53 Ergebnisse bei Amazon – ein hervorragendes Ergebnis. Es gibt lediglich 53 mögliche Konkurrenten. Schreiben Sie einen Ratgeber zum Thema Glück, haben Sie es hingegen mit 2.660 Konkurrenten zu tun. Schaue Sie sich anschließend die Ebooks an. Als erstes erscheint bei Amazon „Gruppe: Zombie Roman. Dies ist jedoch nicht Ihre Zielgruppe. Im Anschluss wird ein Ratgeber zum Thema Grippe angeboten, dann erneut ein Roman

über Zombies.

Stellen Sie sich nun im Zusammenhang mit dem Ratgeber zum Thema Grippe folgende Fragen:

Welche Anzahl an Bewertungen erhielten die anderen Autoren?
Zahlreiche Menschen achten auf die Bewertungen. Ist die Zahl höher als fünf, ist es fast nicht möglich, hier mit deinem Erstwerk anzukommen. Wenn Sie viele Ebooks schreiben, haben Sie ein Netzwerk und erhalten schneller Bewertungen, zu Beginn ist dies jedoch schwierig.

- **Wie hoch ist der Preis?**
  Sind Sie Selbstpublisher, sollten Sie einen Preis von drei bis vier Euro verlangen, nicht mehr. Gibt es nur eine geringe Anzahl an Ebooks zu dem Preis beziehungsweise sind die anderen teurer, dann könnte dies ein positives Ergebnis für Sie bedeuten. Ihr Verdienst liegt bei einem Verkaufspreis von 3,99 € bei ungefähr 2,30 € pro Stück.

- **Wie viele Seiten umfassen die Ebooks der Konkurrenz?**

  Passen Sie Ihre Seitenzahl unbedingt an die Ihrer Konkurrenten an oder bieten Sie, im Fall, dass Sie weniger Seiten schreiben, auf jeden Fall einen niedrigeren Preis an. Dehnen Sie Ihr Ebook aber auf keinen Fall mit unnötigem Inhalt aus. Die Leser würden das bemerken und eine negative Bewertung hinterlassen. Je nach Nische, ist es möglich, auch mit wenigen Seiten einen großen Erfolg zu erzielen.

- **Welchen Rang haben die Ebooks in der Liste der Bestseller?**

  Der Verkauf eines Ebooks gilt als sehr gut, wenn sich das Werk unter den ersten 1.000 Produkten befindet. Dann handelt es sich um eine gefragte Nische. Dies kann eine positive Wirkung auf Ihr Ebook haben. Befinden sich die Ebooks unter dem Rang 10.000, läuft entweder die Nische nicht gut, oder die verfassten Ebooks sind schlecht. Schauen Sie sich die

Bewertungen an und beachten Sie die Kritik. Wenn dort steht, was die Leser stört, können Sie diese Mängel mit Ihrem Buch ausgleichen, indem Sie es anders und vor allem besser machen.

Untersuchen Sie die Ebooks von anderen Autoren im Hinblick auf die oben genannten Punkte und schreiben Sie die Ergebnisse auf. Zwar gibt es auch bei Beachtung aller Tipps keinen garantierten Erfolg, dennoch erhöht sich die Wahrscheinlichkeit für eine profitable Nische. Bereiten Sie sich deshalb unbedingt gut vor. Halte Sie sich stets Ihr Ziel vor Augen und bewahren Sie sich Durchhaltevermögen. Dann werden Sie schon bald eine Nische finden, welche erste Erfolge einbringt. Denken Sie daran: Als mehrere Verlage sich weigerten Amanda Hockings Romane zu drucken, nahm sie das Verlegen selbst in die Hand, veröffentlichte ihr eigenes Ebook und verkaufte mehr als 8 Millionen Exemplare. Das können auch SIE schaffen!

Wenn Sie Ebook Autor werden möchten, beachten Sie bitte, dass folgende Kategorien im Allgemeinen profitable Nischen sind:

- Ratgeber

Menschen aus aller Welt interessieren sich für die Lösung ihrer Probleme. Sicher können auch Sie aufgrund Ihrer Erfahrungen jemandem helfen.

- Kochen & Genießen

Zu dieser Kategorie zählen Vegane-Küchen, Diäten und bestimmte Ernährungspläne. Abnehmrezepte sind zurzeit ebenfalls stark im Rennen.

- Business & Karriere

Dort befindet sich alles, was mit Karriere, Persönlichkeit, Zeitmanagement und Selbstorganisation zu tun hat. Menschen streben danach, ihr Leben und ihre Zeit besser zu gestalten, sich selbst weiterzuentwickeln sowie Karriere zu machen.

- Börse & Geld

Hier schreiben Autoren darüber, wie Menschen ihr Geld vermehren können, es an der Börse anlegen oder ihre Schulden loswerden.

- Sport & Fitness

In dieser Kategorie geben Autoren Tipps für das in Form bringen des Körpers.

- Computer & Internet

Hier verkaufen Autoren Anleitungen zu speziellen Geräten.

- Freizeit, Haus & Garten

In dieser Kategorie finden Leser Tipps für den Haus- und Gartenbau, Witzebücher oder Fußballersprüche. Ebenso werden Tricks verraten, wie man sein Leben entmüllt.

Entscheiden Sie sich für eine dieser Kategorien, ist die Chance groß, dass Ihr Ebook von vielen Menschen gelesen wird.

Sonstige Infos

Um wirklich hohe Erträge zu erzielen, empfiehlt es sich, mehrere Ebooks zu verfassen.

Stellen Sie es sich wie folgt vor:
Schreiben Sie 15 Ebooks und verkaufen Sie

sie zu jeweils 2,99 Euro. Wenn sich diese pro Tag zehnmal verkaufen, verdienen Sie täglich 300 Euro. Im Monat wären das 9.000 Euro beziehungsweise jährlich 108.000 Euro. Dafür benötigen Sie nicht einmal einen Bestseller. Dieser wird ohnehin überschätzt. Ihnen muss nur gelingen, zahlreiche Werke in den Top 1.000 zu platzieren.

Nutzen Sie dazu die nachstehend beschriebenen Strategien:

- Nischentitel schreiben:
  Damit Ihr Buch in den Top 1.000 bleibt, dürfen Sie nicht in den Genres Thriller/Krimi, Humor oder Fantasy schreiben, da dort zu viele Produkte gelistet sind. Schreiben Sie lieber einen Ratgeber, der sich mit der Lösung eines Problems befasst.

- Schreiben Sie schnell:
  Hoffen Sie nicht darauf, dass Ihr Buch ein Bestseller wird. Bis ein Buch ganz oben steht, bedarf es viel Glück und Geduld. Stellen Sie ein Ebook innerhalb von einem bis zwei Monaten fertig. Ihr Ebook braucht keine 300

Seiten, 100 Seiten reichen völlig aus.

- **Beauftragen Sie andere, ihnen zu helfen:**
Vermutlich können Sie gut schreiben. Aber sind Sie auch so gut im Lektorieren, Gestalten und Layouten? Viele sind das nicht. Sie benötigen ein professionelles Cover, einen lektorierten Text und ein technisch fehlerfreies Ebook. Wenn Sie sich dieser Aufgabe nicht gewachsen fühlen, können Sie diese an Spezialisten übergeben. Ein Cover kostet ca. 50 - 400 Euro, das Lektorat bekommen Sie ab 3 Euro. Die Gesamtinvestition liegt also unter 1.000 Euro.

Wie können Sie Ihr Ebook verkaufen?

Damit Sie mit Ihrem Ebook Geld verdienen können, haben Sie verschiedene Möglichkeiten. Beispielsweise können Sie es auf diversen Plattformen verkaufen. Hierfür stehen folgende zur Auswahl: BOD, Ebozon, XinXii, ePubli, Amazon-Kindle-Store, digistore24.

Alternativ dazu können Sie Ihr Ebook auch selber verkaufen, wenn Sie nicht auf einen Dritt-Anbieter zurückgreifen möchten. In diesem Fall haben Sie jedoch mehr Aufwand als bei der anderen Variante. Sie sparen zwar einerseits die Verkaufsgebühr, was bedeutet, dass Ihnen statt 30 % 100 % des Verkaufspreises ausgezahlt werden. Weiter haben Sie die Möglichkeit den Verkaufsprozess komplett zu kontrollieren und Änderungen rasch umzusetzen. Ebenso ist das Optimieren leichter, da das Tracken und Verkaufsprozess-Änderungen selbständig umgesetzt werden können. Allerdings muss die Technik selbst übernommen werden, bei Problemen müssen Sie rasch reagieren und Sie benötigen das Knowhow für die

Optimierung. Vergessen Sie auch nicht die Verwaltung. Sie müssen sich um Rückgaben, Abrechnung und Meldung der Umsatzsteuer sowie Support selber kümmern. Dieser Aufwand wird oftmals unterschätzt.

Weiter müssen Sie sich mit rechtlichen Anforderungen auseinandersetzen, wenn Sie einen eigenen Shop betreiben möchten, und für die Umsetzung der Änderungen sorgen. Sie haben die Möglichkeit Ihr Ebook ohne Tools auf Ihrer eigenen Homepage zum Verkauf anzubieten. Alles, was Sie dazu benötigen, sind ein PayPal Button sowie eine Checkbox, die der Widerrufsbelehrung dient. Damit sind Sie in der Lage Ihre Ebooks rasch und einfach zu verkaufen, ohne dass Sie einen enormen Aufwand betreiben müssen.

Benutzen Sie WordPress, dann können Sie Shop-Plugins auswählen. Alternativ dazu gibt es auch die Möglichkeit einen eigenen Online-Shop mit eigener Shop-Software aufzubauen. Wenn Sie sich für diese Variante entscheiden, müssen Sie Ihren kompletten Traffic selber generieren, die oben genannten Plattformen hingegen generieren diesen teils bereits selber.

Machen Sie nie diese Fehler

Wenn Sie mit Ihrem Ebook Geld verdienen möchten, sollten Sie unbedingt folgende Fehler vermeiden:

- **Falsches Thema:**
  Wähle Sie kein Thema, nur weil es gerade angesagt ist. Achten Sie unbedingt darauf, dass Sie auch wirklich Ahnung von diesem Thema haben und Interesse dafür mitbringen.

- **Keine Nachfrage:**
  Achten Sie darauf, dass es eine Kunden-Zielgruppe für Ihr Ebook gibt. Die Zahl der Interessenten muss groß genug sein. Probleme und deren Lösung bieten sich da am besten an.

- **Fehlende Planung:**
  Starten Sie nicht zu schnell mit dem Schreiben, sondern planen Sie zuerst. Sonst geraten Sie schnell ins Stocken und Ihr Ebook hat keine übersichtliche Struktur.

- **Fehlende Produktivität:**
Anfangs haben die meisten Menschen viel Motivation. Diese lässt aber häufig schnell nach, weil das Ebook Schreiben mit viel Arbeit verbunden ist. Setzen Sie sich deshalb Zwischenziele mit konkreten Terminen.

- **Backups fehlen:**
Führen Sie regelmäßige Backups durch, damit Ihr Dokument nicht nach Wochen harter Arbeit plötzlich nicht mehr auffindbar ist, weil Sie Ihr einzig vorhandenes Dokument aus Versehen gelöscht hast. Machen Sie diese am besten nach jeder Änderung, die etwas größer ist. Arbeiten Sie nicht jedes Mal im gleichen Dokument.

- **Fehlende Lesbarkeit:**
Beim Ebook Schreiben kann es zu Abschweifungen kommen. Dann erkennt der Leser keinen roten Faden. Versuchen Sie dem zu widerstehen und halten Sie sich an die Gliederung.

- **Layout ist schlecht:**
  Achten Sie auf Einheitlichkeit der Formatierungen, sonst verliert der Leser den Überblick und ist verwirrt.

- **Kein Praxisbezug:**
  Lassen Sie neben der Theorie auch einiges an Praxis in Ihren Text mit einfließen, damit das Ganze nicht zu trocken wirkt. Denken Sie zum Beispiel an eigene Erfahrungen, typische Fehler und dergleichen. So kann der Leser den Inhalt besser nachvollziehen, das Gesagte selber testen sowie verinnerlichen.

- **Mangelnde Qualität:**
  Sie sollten auch darauf achten, dass das Ebook keine Rechtschreibfehler und dergleichen enthält, damit die Qualität nicht leidet, sonst gibt es eventuell negative Bewertungen und das Ebook wird nicht mehr gekauft.

- **Fehlendes Verkäuferdenken:**
  Hören Sie nach dem Schreiben nicht auf, sich um Ihr Ebook zu kümmern. Sie müssen wie ein Verkäufer denken,

nicht wie ein Autor, um Erfolg zu haben. Ihr Ebook braucht einen guten Titel und ein professionelles, ansprechendes Cover. Außerdem müssen Sie sich nachhaltig um die Vermarktung kümmern – vor allem online. Ansonsten erfahren potenzielle Käufer nichts von Ihrem Ebook. Ihr Ebook muss <u>zwingend</u> bekannt gemacht werden.

Alle Fehler zu vermeiden, wird nicht möglich sein, weil jedes Projekt anders ist. Sie sollten darauf achten, die Balance zu finden. Unbedingt notwendig ist es, die Fehler zu vermeiden, die dem Erfolg im Weg stehen. Aus Fehlern lernt man und Sie werden ein immer besserer Ebook Autor und Verkäufer. Versuchen Sie darauf bedacht zu sein, dass Ihre Ebooks stets eine gute Qualität haben, einzigartig sind und ein akzeptables Preis-Leistungsverhältnis haben. Fangen Sie klein an. Schreiben Sie zu Beginn nicht mehr als 80-100 Seiten und wählen Sie ein spezielles Thema. Sie können dieses trotzdem tiefgreifend behandeln. Damit steigt die Wahrscheinlichkeit, dass Sie es fertig schreiben und Sie schon bald Ihren ersten

Erfolg feiern können.

Nachwort

Sicherlich ist Ihnen aufgefallen, dass
Vernetzung in der Online-Welt alles bedeutet.
Ob Sie sich vernetzen, um möglichst viele
Leute mit Ihren Produkten zu erreichen, oder
ob Sie sich vernetzen, um Auftraggeber,
Werbekunde oder Investoren von der anderen
Seite der Erdkugel für sich zu gewinnen.
Ohne eine weite und möglichst verzweigte
Vernetzung geht im Internet gar nichts.
Kommunikationsbereitschaft ist deshalb eine
wichtige Eigenschaft, die Sie persönlich
mitbringen sollten, wenn Sie ins Online-
Geschäft einsteigen wollen.

Sie müssen ein Talent haben Leute mit Ihren
Worten zu überzeugen und auf deren
Bedürfnisse und Interessen zu reagieren. Sie
müssen ein Gespür für Trends mitbringen, die
Ihr Thema betreffen und dieses
vorausschauend immer wieder anpassen.
Erfahrung macht hier den Unterschied! Das
Internet ist rasenden Veränderungen
unterworfen. Warten Sie also nicht länger und
beginnen Sie jetzt Ihre Ideen zu finden und
umzusetzen.
Noch nie war die Möglichkeit größer mit
geringen finanziellen Mitteln zu einem Multi-
Millionen-Euro-Unternehmen aufzusteigen.
Einige junge Kollegen haben diese
unglaublichen Geschichten vorgemacht, und

zeigen auf eindrucksvolle Weise, wie man es nachmachen kann.

Vernetzten Sie sich heute und verdienen Sie morgen Geld! Es war noch nie so einfach! Jetzt wünsche ich Ihnen viel Erfolg und gutes Gelingen!

Ihr

Phil Schartner

Bonus

Vielen Dank, dass Sie bis hierhin gelesen haben!
Wenn Ihnen das Buch gefallen hat, dann wäre ich Ihnen sehr dankbar für eine (kurze) **Bewertung auf Amazon**.

Als kleines Dankeschön schenke ich Ihnen mein Buch
„Passives Einkommen durch Online Marketing".

Melden Sie sich hier zu meinem Newsletter an und verpassen Sie keine News mehr!!
philschartner.com/Newsletter

So bekommen Sie auch gelegentliche Infos und nützliche Links von mir und sind immer auf dem neusten Stand. Sie können sich natürlich jederzeit wieder abmelden! Kein Ding.

Als weiteres Extra hier die ersten beiden Kapitel aus meinem Buch "E-Mail Marketing für Affiliates", welches ebenfalls auf Amazon erhältlich ist.

Viel Spaß beim Reinschnuppern.

Liebe Leserin, lieber Leser!

"Das Geld ist in der Liste" - Wer sich schon mal mit Affiliate Marketing auseinander gesetzt hat, der hat diesen Satz mit ziemlicher Sicherheit schon oft gehört. Zu guter Recht!

Denn E-Mail Marketing ist und bleibt die beste Methode einfach und zuverlässig online Geld zu verdienen.

Was denkst Du, wo wird im ganzen Internet am meisten Geld verdient? In den unzähligen Online Shops? Durch Werbung auf Google, Facebook & Co? Weit gefehlt. E-Mail Marketing ist für den Großteil des online Umsatzes verantwortlich.

Daher auch der berühmte Satz, dass das Geld in der Liste steckt. Natürlich ist das ganze sehr vereinfacht. Es reicht nicht, bloß irgendeine E-Mail Liste zu haben und schon wird man damit reich. Aber es ist unbestreitbar, dass E-Mail Marketing die beste Möglichkeit ist, seine Produkte oder

Dienstleistungen online zu verkaufen. Während man mit Werbeanzeigen zwar ein größeres Publikum erreichen kann, so hat man in einer E-Mail die volle Aufmerksamkeit des Lesers, ohne Ablenkung durch süße Katzen oder einem Strandbild der Nachbarin.

Eines ist also klar: Wenn auch Du mit Affiliate Marketing Erfolg haben willst, brauchst Du deine eigene E-Mail Liste. Denn wenn Du Dir diese erst einmal aufgebaut hast, brauchst Du nicht ständig nach neuen Interessenten zu suchen, sondern kannst Deinen bestehenden Kontakten ganz einfach eine kure E-Mail schicken und dabei ohne viel Aufwand Geld verdienen.
Dass man diese E-Mails heutzutage auch vom Strand aus mit dem Smartphone versenden kann, brauche ich auch nicht zu erwähnen, oder?

Doch bevor Du deine Reise in die Malediven buchst solltest Du dir erstmal dieses Buch durchlesen. Hier erfährst Du nämlich alles, was Du wissen muss, um Dir Deine eigene Liste aufzubauen und wie Du damit Geld verdienen kannst, ohne viel dafür zu erledigen. Denn egal was Dir andere Online Marketer erzählen wollen, der Weg dorthin ist nicht ganz so einfach und etwas Arbeit ist auch erforderlich. Sobald dein System jedoch erstmal läuft, kannst Du Dich entspannt zurücklehnen, Dir einen Drink bestellen und zusehen, wie das Geld in Dein Bankkonto fließt.

Genug geschwärmt. Es wird Zeit das alles zu verwirklichen. Packen wir's also an!

Dein

Phil Schartner ;-)

Der Autoresponder

Damit Du auch richtiges E-Mail Marketing betreiben kannst, brauchst Du erstmal einen sogenannten Autoresponder. Ein Autorespon der ist ein System, mit dem Du Deine E-Mail-Adressen sammeln und Deine E-Mails versenden kannst. Und das beste dabei: einmal eingerichtet läuft das ganze wie von selbst und Du musst Dich nicht selbst darum kümmern.

Ohne einen Autoresponder ist es praktisch unmöglich. Zwar könntest Du rein theoretisch alles auch von Hand machen, aber dazu würdest Du so viel Zeit verschwenden, dass sich das ganze nie und nimmer lohnen würde. Außerdem sind die Kosten für so einen Autoresponder auch nicht sehr hoch.

Zwar gibt es auch kostenlose Anbieter und Angebote, doch rate ich Dir von diesen ab! Alle kostenlosen Anbieter, die ich kenne, verbieten es Dir Affiliate Angebote zu versenden. Wer sich nicht daran hält riskiert, dass sein Account geschlossen wird. Dann ist Deine E-Mail Liste auch futsch und die ganze harte Arbeit war umsonst. Also fang am besten gleich richtig an und such Dir einen passenden Autoresponder Dienst. Wenn Du Dich übrigens für meinen Newsletter anmeldest verrate ich Dir auch meinen bevorzugten Autoresponder Dienst, welchen ich selbst benutze und mit dem ich sehr zufrieden bin. Den Link dazu findest Du am Ende des Buches.

Übrigens: Die meisten Anbieter bieten eine 30 Tage Testversion an, in der man das System kostenlos testen kann. Du hast also 30 Tage lang Zeit Deine ersten Affiliate Verkäufe zu machen um Deinen Autoresponder selbst zu finanzieren! Das ist durchaus möglich, wenn Du genügend Zeit und Arbeit in das Projekt investierst.

Doch was macht dieser Autoresponder nun alles für Dich? Zu allererst verwaltet er Deine E-Mail-Adressen. Wenn sich jemand über das Anmeldeformular (sprich: die Squeeze- oder Landing-Page) anmeldet, fügt er diesen neuen Kontakt Deiner Liste hinzu. Und wenn sich jemand wieder abmelden will, so entfernt er den Kontakt wieder von der Liste. Die Statistiken über diesen Empfänger bleiben jedoch weiterhin im System enthalten.
Natürlich kannst Du mit Deinem Autoresponder beliebig viele Listen erstellen und individuell verwalten.

Das ist jedoch noch lange nicht alles. Denn Dein Autoresponder versendet auch Nachrichten. Hierbei gibt es zwei verschiedene Varianten. Entweder Du schreibst eine E-Mail und versendest diese an alle Kontakte (so wie bei einer ganz normalen E-Mail Nachricht), oder Du baust Dir eine Autoresponder Sequenz auf.
Der Vorteil dieser Methode ist, dass jeder

Abonnent eine Reihe von E-Mails bekommt, egal zu welcher Zeit er sich für Deinen Newsletter anmeldet.

Hier ein Beispiel:
Nehmen wir an, Du schickst heute eine Nachricht an Deine Abonnenten raus und wirbst für ein tolles Produkt. Deine Abonnenten sind absolut begeistert davon und Du verkaufst jede Menge Produkte. Super! Doch nach einem Monat hast Du weitere 500 Abonnenten, die dieses tolle Produkt noch nie gesehen haben. Du weißt, eine Menge der Leute würden das Produkt sofort kaufen, aber Du weißt auch, dass Deine alten Abonnenten was neues wollen. Wenn Du also dasselbe Produkt erneut bewirbst, läufst Du Gefahr, dass sich einige Deiner alten Abonnenten abmelden werden.

Ein zweites Beispiel:
Du möchtest Deine Abonnenten Schritt für Schritt zu einem gewissen Ziel führen. Wenn Du nun die Nachrichten normal sendest, können Dir nur die Leute folgen, die von Anfang an dabei waren. Alle anderen, die mittendrin hinzukommen verstehen nur Bahnhof.

Natürlich könntest Du immer neue Listen erstellen und zum Beispiel immer bei Monatsanfang einen neuen Kurs beginnen. Doch sind wir mal ehrlich, heutzutage wird wohl kaum mehr jemand darauf warten bis der Kurs beginnt, sondern wird sich einfach einen anderen Kurs suchen.

Die Lösung dazu ist
die Autoresponder Sequenz. Denn hier kannst Du eine Reihe von Nachrichten schreiben, die jedem Abonnenten individuell zugeschickt werden.

Beispiel: Peter meldet sich heute an. Er erhält auch gleich E-Mail #1. Am 2. Tag erhält er E-Mail #2. Am 3. Tag meldet sich Martin an. Nun erhält Martin E-Mail #1 und Peter E-Mail #3. Am 4. Tag melden sich noch Eva und Dennis an. Sie erhalten E-Mail #1, Martin E-

Mail #2 und Peter E-Mail #4. Und so weiter und so fort.

Natürlich kannst Du auch sagen, dass Du nur alle 3 oder 7 Tage eine Nachricht schicken möchtest, oder dass die Nachrichten jeweils nur montags und donnerstags verschickt werden sollen.
Seit neustem bieten die Meisten Autoresponder-Dienste auch noch komplexere Systeme an. So kann man zum Beispiel angeben, dass eine Reihe von E-Mail

Nachrichten nur an die Leute geschickt wird, die auf einen gewissen Link in einer Nachricht geklickt haben oder an all diejenigen, die die vorherige Nachricht nicht geöffnet haben.

Wie Du siehst, ist der Autoresponder Dein bester Freund und kann eine ganze Menge toller Sachen.

So kannst Du zum Beispiel auch Dein gesamtes E-Mail Marketing voll automatisieren, indem Du einfach einen Haufen Nachrichten im Voraus schreibst und diese dann jedem Abonnenten individuell verschicken lässt.
Natürlich nützt es Dir nichts, wenn Du 1'000

Nachrichten geschrieben hast, wenn sich Deine Abonnenten nur die ersten 10 Nachrichten anschauen bevor die Nachrichten ungelesen im Posteingang bleiben oder sie sich wieder abmelden. Es ist also sinnvoll nur so viel Nachrichten zu schreiben, wie nötig.

Wenn Ihnen dieser kurze Auszug gefallen hat, dann können Sie das Buch auf Amazon kaufen.
Suchen Sie dazu einfach nach mir,

Ihr

Phil Schartner ;-)

Sie können es sich auch einfach direkt bei mir holen.
Schicken Sie mir dazu einfach eine E-Mail an:

office@philschartner.com

Haftungsausschluss

handelt.

Impressum

www.ingramcontent.com/pod-product-compliance
Lightning Source LLC
Chambersburg PA
CBHW060903170526
45158CB00001B/475